パーソナリティのHファクター

THE H FACTOR OF PERSONALITY

K. リー／M. C. アシュトン［著］

小塩真司［監訳］

三枝高大／橋本泰央／下司忠大／吉野伸哉［訳］

自己中心的で，欺瞞的で，貪欲な人たち

Why Some People are Manipulative,
Self-Entitled,
Materialistic,
and Exploitive
—And Why It Matters for Everyone

北大路書房

THE H FACTOR of PERSONALITY
Why some people are manipulative, self-entitled, materialistic, and exploitive —
and why it matters for everyone
by Kibeom Lee and Michael C. Ashton

謝　辞

このプロジェクトを後押しし、初期の原稿に対して非常に有益なコメントをくれた友人や同僚であるデレク・チャップマン（Derek Chapman）、ゴードン・ホドソン（Gordon Hodson）、ポール・トレンブレー（Paul Tremblay）、レイノルト・デ・ブリース（Reinout de Vries）、ナルニア・ワース（Narnia Worth）に感謝する。最近の草稿についても、ロバート・マクウッド（Robert Mackwood）、タヤ・コーヘン（Taya Cohen）、および二名の匿名の査読者から非常に肯定的かつ建設的な意見をいただいた。私たちの本が大きく改善されたのは、洞察に富んだこれらの提案のおかげである。

ルー・ゴールドバーグ（Lew Goldberg）とジェラード・ソーサー（Gerard Saucier）にも感謝する。二人はオレゴン州のコミュニティサンプルと英語の語彙研究から得られた非常に貴重なデータセットを惜しみなく提供してくれた。さらに二人からはパーソナリティ構造に関する本質を突いた示唆を受けた。

スティーブ・ルーベンツァー（Steve Rubenzer）への感謝も伝えたい。彼からは米国大統領のパーソナリティに関する研究からファセットレベルのデータの提供を受けた。

ウィルフリッド・ローリエ（Wilfrid Laurier）大学出版局の編集チームにも感謝したい。ロブ・コールマイヤー（Rob Kohlmeier）には編集作業を非常に効率的に進めていただき、レスリー・マクレディ（Leslie Macredie）にはマーケティングに多大な尽力をいただいた。そして何より勇敢にもこの本の出版を引き受け、私たちの仕事に信頼を寄せてくれたライアン・チンセス（Ryan Chynces）に。また優れたコピーエディターであるマシュー・クデルカ（Matthew Kudelka）にも感謝する。

私たちの研究プログラムを支援してくれたさまざまな機関にも感謝申し上げる。カナダ社会科学・人文科学研究評議会からは研究プロジェクトの多くに資金を提供していただいた。またカルガリー（Calgary）大学およびブロック（Brock）大学からは継続的な支援をいただいた。特に本書はブロック大学の社会科学研究評議会から資金提供を受けたものである。

キベオムから妻と二人の娘に。彼女たちは食卓でパーソナリティ構造の話に何度も根気よくつきあってくれた。またいつも支えてくれる母、兄、そして兄の家族。みんなに感謝する。最後に、この本を喜んで読んでくれたであろう亡き父に捧げる。

マイケルから、勇気づけてくれた家族全員（両親、妹とその家族、義理の家族）に感謝の意を表する。特に妻はあふれるほどの熱意で支えてくれた。この本を彼女に捧げる。

日本語版序文

私たちの書籍に興味をお持ちいただき、ありがとうございます。

このたび、小塩真司教授とその研究チームの手によって、私たちの書籍『*The H Factor of Personality*』が日本の読者の皆さんに紹介されることを嬉しく思います。近年、日本からもＨＥＸＡＣＯモデルを用いた興味深いパーソナリティ研究がいくつか発表されており、日本の人々の間でもパーソナリティに関する研究に関心が集まっていると思われます。今回の『*The H Factor of Personality*』邦訳版の出版が、パーソナリティ心理学についてもっと学びたいと思っている研究者や一般の読者をはじめ、多くの方々の刺激となることを願っています。

キベオム・リー
マイケル・Ｃ・アシュトン

目次

コラム一覧

1章

H因子の発見

メアリーとジェーンには多くの共通点がある。二人とも若く、同じロースクールの最終学年だ。中流階級に属する二人親家庭で育てられた。しかし二人にはまったく異なる面もある。

メアリーにとって法律は戦いの術だ。多くの複雑な知識を使いこなして敵に打ち勝つ。法律を勉強したのはたくさんのお金を稼ぐためである。それゆえ、高収入が見込める会社法や訴訟法などの専門分野の勉強に特に力を入れてきた。仕事で成功するために力のある教授に巧みに自分をアピールすることも忘れなかった。愛想よくふるまい、学位を取得した暁には良い地位につけるよう、人脈を築きたいと願っている。

ジェーンは法律を理想主義的に捉えている。ジェーンにとって法律は正義を実現する手段である。人を助けるため、世の中を変えるために法律を勉強している。将来は検察官や公選弁護人として刑事司法制度の場で働くか、あるいは非営利団体に就職したいと考えている。教授と話をすることもあるが、主として法律の細かな点を質問するときに限られる。教授に対しては感じよく、礼儀正しく接するよう心がけているが、機嫌を取ろうとは思っていない。

メアリーもジェーンも将来は結婚したいと思っている。メアリーは社会的に地位のある男性との結婚しか考えていない。経済的に裕福なだけでなく、高い社会階級に属する紳士こそが自分にふさわしいと考えている。一方、ジェーンにとってはお金も地位もたいした問題ではない。ジェーンにとって大切なのは心から愛することのできる男性を見つけることだ。これは、ジェーンは意識していないかもしれないが、価値観を同じくする男性を見つけることでもある。

メアリーとジェーンと同様に、ビルとデイブにも似た面がある。二人とも中年の男性で、街中で小さな自動車修理工場を経営している。二人の工場は車で1時間ほどしか離れていない。しかし、ある意味でこの二人は正反対ともいえる。

それは経営に対する考え方だ。ビルの考え方を一言で言うなら「騙されるほうが悪い」だ。ビルはまだ必要とはいえない修理を客に勧めることがある。そして金額に見合わない低品質の部品で代用して差額を儲けることもある。客が納得してくれると判断した場合には現金での支払いを提案して領収書を残さないようにし、納める税金の額をごまかそうとする。

一方デイブは、決して客を欺いたり税金を逃れたりしようとはしない。本当に必要な修理しか勧めないため、客が思っている以上に修理が少なくてすむ場合が多い。修理に使用する部品は常に請求書の記載通りだ。すべての取引は納税のために記録している。

二人とも地域活動に参加しているが、地域活動への関わり方もまた対照的である。ビルは最近、町の小さなスポーツ協会の会長に選ばれた。就任以来、会長としての地位をかなり意識している。会長職に伴う経費の請求は遠慮なく行い、さまざまな銘板や新聞記事に自分の名前を載せることに余念がない。それに対してデイブは地元のスポーツ協会のボランティア活動に数多く参加しているが、自分の持ち出しも多いし、特別な栄誉を求めているわけでもない。

さらに二人は、結婚生活においても対照的だ。ビルはここ何年も不倫を続けている。自分のような男らしい成功者は、婚外恋愛の刺激を求める権利があると考えているのだ（妻がこの考えに共感してくれるとは思えないから、十分狡猾にふるまい、妻にばれないように気をつけなければならない。もちろん、浮気相手の夫にも）。それに対してデイブは一度も浮気をしたことがない。妻以外の女性に魅力を感じることもあるし、浮気しようと思えば相手を見つけるのも容易だろうが、妻の信頼を裏切ることはできないと感じているのだ。

これまでの挿話は、パーソナリティのある次元が表す一方の側面とその反対の側面を表している。この次元上ではメアリーとビルはジェーンとデイブと正反対に位置づけられる。私たちはこの次元をHファクター（H因子）と名づけた。「H」はHonesty-Humility（正直さ―謙虚さ）の略で、六つあるパーソナリティの基本次元の一つである。本書ではHEXACOと呼ばれる六つの次元すべてについて説明するが、関心の焦点はH因子にある。

H因子が心理学の研究者たちに知られるようになったのは2000年頃だ。それ以前には、人のパーソナリティは五つの次元で表現できると考えられていた。しかし、ビッグ・ファイブと呼ばれるこの5次元はH因子を十分には捉えておらず、それゆえメアリーとジェーン、あるいはビルとデイブの違いを部分的にしか表現できない。

ここ10年の研究により、H因子が私たちの生活のさまざまな場面で重要な役割を果たすことがわかってきた。H因子はお金や権力、セックスに対する人々の態度を方向づける。法律を破る、守るといった法律の遵守傾向にも関与する。H因子は社会、政治、宗教に対する人々の態度と関連する。さらに友人や配偶者の選択にも影響を与える。本書を通じて、H因子が生活のさまざまな領域で果たす役割について説明するつもりだ。

H因子がこんなにも重要ならば、なぜこれほど長い間、研究者たちがH因子の存在に気づかなかったのかと不審に思うに違いない。そしてまた、いかにしてH因子がパーソナリティの基本的な次元の一つとして認識されるに至ったのだろうか、と。私たちがH因子を発見した経緯はほとんど偶然であった。その話をするには大学院生時代に遡る必要がある。

2章

見逃されてきたパーソナリティ次元

1996年の夏、私たちはウエストオンタリオ大学大学院心理学科の学生だった。お互い1年程前からの顔見知りであったが、時おり行われる大学院生用の研究室の配置換えで、大学の社会科学棟8階にある研究室を共同で使うことになった。すぐに、私たちには共通の関心があることがわかった。能力や態度、興味、そして何よりパーソナリティの個人差研究にお互い興味を抱いていたのだ。

パーソナリティ心理学にとって1990年代は心躍る時代だった。70年代、80年代には多くの研究者がパーソナリティは科学的な研究対象たり得るという考えに見切りをつけていた。90年代はそんな重苦しい雰囲気から立ち直りつつある時代だった。ウエストオンタリオ大学はパーソナリティ研究に取り組むにはもってこいの場所だった。教授陣にはサム・パーナネン（Sam Paunonen）や今は亡くなってしまったダグ・ジャクソン（Doug Jackson）が名を連ねていた。彼らはパーソナリティ心理学が流行遅れと言われた時代にも研究を進め、この分野を牽引してきた数少ない研究者だった。

パーソナリティの「ビッグ・ファイブ」

当時、パーソナリティ心理学の領域で広く受け入れられていた考え方の一つに「ビッグ・ファイブ」と呼ばれるパーソナリティ因子があった。ビッグ・ファイブの考え方によれば、何百ものパーソナリティのうち、人と人の違いを表す特性——明るいから悪賢いまでと、その間にあるすべての特性——は五つの大きなグループもしくは因子に分類することができる。ある人のパーソナリティを簡単に表現するには、その人がビッグ・ファイブの各因子をどの程度備えているかを知りさえすればよいのだ。

パーソナリティ心理学の研究者たちがビッグ・ファイブという考え方に夢中になったのにはそれなりの理由があった。実用的な観点で言えば、研究者はビッグ・ファイブを使って人々のパーソナリティを効率的にまとめることができた。五つのグループを代表するいくつかの特性を測定すれば、（膨大な時間とお金をかけて）すべてのパーソナリティ特性を測定して得られるのとほとんど同じだけの情報を得ることができるのだ。理論的な観点からは、ビッグ・ファイブはパーソナリティの意味を明らかにするのに役立つと期待されていた。各グループに共通する要素を特定することで、パーソナリティの違いを生んでいる要因やパーソナリティの違いが人生において重要な役割を果たす理由に関する手がかりが得られるかもしれない。

ここでビッグ・ファイブを紹介しよう。各因子に属する特性も合わせて記すことにする。

・外向性（例：外向的か内気か）

・協調性（例：優しいか攻撃的か）
・誠実性（例：規律正しいか無秩序か）
・神経症傾向（例：情緒が不安定か安定しているか）
・経験への開放性（例：創造的かありきたりか）

注意していただきたいが、ビッグ・ファイブが表すのは五つの特性である。決してあらゆる人を五つのタイプに分けるわけではない（ビッグ・ファイブは人のタイプの表現ではない）。原理的には誰のことでも五つのパーソナリティ因子の側面から測定可能である。その場合、各自のパーソナリティは五つの数値で表現される。

私たちが大学院生だった1990年代、ビッグ・ファイブは多くの研究者の注目を集めていた。この5因子モデルによってパーソナリティに関する体系的な研究が可能となり、人生の他の側面とパーソナリティとの関連も研究しやすくなったからである。まるで心理学のあらゆる領域の研究者が、自身の研究領域（うつ病から仕事の成果、法令順守から職務怠慢まで）とビッグ・ファイブとの関連に突如として興味を抱いたかのようであった。ビッグ・ファイブ関連の研究が爆発的に増加した主な理由の一つは、ビッグ・ファイブを正確に測定できる質問紙の開発にあった。ポール・コスタ（Paul Costa）とロバート・マックレー（Robert McCrae）の開発したパーソナリティ質問紙がパーソナリティ測定の領域を席巻しはじめたのである。*1

私たちもこのような動きを注意深く見守っていた。お昼の休憩中にビッグ・ファイブについて議論することもしばしばだった。私たちが知りたかったのは五つの因子の意味だった。なぜこれらの5因子がパーソナリティの基本的な要素でなければならないのか。また、5因子とはいったい何なのか。5因子モデルの支持派と反対派の間で交わされていた議論についてもよく話をした。議論の焦点を把握するために、多くの先行文献にあたってビッグ・ファイブの由来を調べることもしてみた。

すぐにわかった重要な点は、そもそもビッグ・ファイブは誰の発明でもないということだった。パーソナリティを五つのグループに分けようと決めた誰かがいるわけではない。むしろ、何百種類もあるパーソナリティ同士の関連を系統立って研究していた研究者たちによってビッグ・ファイブは発見されたのだ。

パーソナリティの基本因子を発見するための最初のステップは一般的なパーソナリティ特性の完全なリストを作成することである。そのために研究者たちは辞書を調べ、パーソナリティを表現する用語を（めったに使わない用語や意味があいまいな用語を除いて）できる限りすべて抜き出す。次に、多くの人の各パーソナリティ特性の高さを測定する。測定は通常、それぞれの特性を回答者自身がどの程度持っているかを5段階や9段階で単純に回答してもらう（回答者自身ではなく親しい人の評定を依頼する場合もある）。

さて、研究者が正確なパーソナリティの測定値を必要としている場合はうまく構成されたパーソナリティ質問紙を利用する必要がある（例えば、付録のＨＥＸＡＣＯ－60を参照されたい）。しかし、ここでは、数百の特性を大まかに測定し、各特性が他の特性とどの程度関連しているかがわかりさえすればよい。5章でも述べるが、人は通常（少なくとも無記名の研究プロジェクトでは）、かなり率直に自分自身のパーソナリティを評定するものである。自分の良い点を誇張したり、悪い点を小さく見せたりしようとする動機があまり働かないのだ。

回答が得られたら、次のステップとして各特性が他の特性をどの程度一緒に伴うか（つまり相関するか）を計算する。こうして得られた相関行列を用いて、互いに関連するパーソナリティ特性で構成された、主となるグループを見つけることができる。このときに利用される手法が因子分析である（相関と因子分析についてはコラム①で説明する）。

コラム 1

相関と因子分析

二つの特性の相関関係は、それらの特性がある集団の中でどの程度併存するかを示している。次のような例を考えてみよう。

快活さのレベルが平均より高い人にはたいてい陽気さも平均より高い人が多く、人見知りのレベルは平均より低い人がやや多い。しかし、そうした人の中には規則正しさのレベルが高い人も低い人も同じ程度にいるだろう。

この場合、快活さは陽気さと強い正の相関を、人見知りとは弱い負の相関を、そして規則正しさとはほぼ0の相関を示すということができる。

注意してほしいのだが、この相関は、ある特性を他者と比べてどの程度多く持っているかという相対的なレベルに基づいている。ほとんどのパーソナリティ特性では（能力といった他の心理的特性と同様に）平均より高いレベルの人の数と低いレベルの人の数はほぼ同じである。平均よりはるかに高い人も平均よりはるかに低い人もごくわずかにいるが、ほとんどの人は平均に近い値を示す。二つの特性の相関は、マイナス1からプラス1の範囲の数値で表される。パーソナリティ研究では一般的に相関（符号が正であれ負であれ）が.10の場合は弱い相関、.30は中程度の相関、.50は強い相関とみなされる。さらに強い相関（例えば、.70や.90）がみられるのは、通常、二つの特性が非常によく似ている場合か、あるいは同じ特性を二つの異なる尺度を用いて測定した場合である。

相関を計算するには、多くの人、できれば数百人規模を対象に測定を行うことが望ましい。小さな集団を対象とした場合、得られた相関は母集団から得られるであろう真の値に比べて、たまたまずっと大きかったり、あるいは小さかったりするかもしれない。

因子分析は統計学的な手法の一つで、特性間の相関をもとに特性をグループ分けする手法である。互いに関連する特性は同じグループ（「因子」とも呼ばれる）に振り分けられる。同様に、相関の小さな特性同士は異なる因子に分類される。「因子」はもともと「作り手」を意味した。因子は特性同士を関連させるように働く何らかの力を表している。

因子には同じ因子に含まれる他の特性と負の相関を持つ特性が含まれる場合がある。このような場合（実はしばしばみられることだが）、その因子は二つの相対する側面（あるいは極）を持つと考えられる。反対側に位置する特性同士も潜在的には同じ次元に関係していると考えられるからだ。例を示そう。「速い」と「遅い」は正反対の意味だが、ともに同じ次元――つまり速さ――を表している。それゆえ「速い」と「遅い」は同じグループの反対側に分類され、関連のない二つのグループに分かれたりはしない。

因子分析をしたからといって、必ずしもいつもきれいにグループ分けされるわけではない。特性によっては一つの因子にきれいに収まらず、ある因子と別の因子にまたがって分類されるかもしれない。また、正確なところ因子が何個あるかは必ずしも明らかではない。因子分析では特性をどのように分類するのが最善なのかを知ることはできる。しかし、特性が分類されるべきグループの真の数を教えてくれるものではない。こうした因子分析の厄介な点がのちのち問題となるのだが、その話はもう少し後で触れる。

因子分析がパーソナリティの研究に使われはじめたのは１９３０年代だ。１９６０年頃までには、研究者たちはあるパターンに気がついた。どのようなサンプルでパーソナリティを測定した場合も、それが大学の女子学生であれ空軍の将校であれ、因子分析を行うとパーソナリティ特性は5つのグループに分類されたのだ。

１９７０年代から１９８０年代にかけて、ルイス・ゴールドバーグ（Lewis Goldberg）はパーソナリティ特性の体系的な研究に取り組んだ。それまでの研究者よりも大規模なパーソナリティ特性語のセットとサンプルを使って、パーソナリティの測定をしたのだ。研究の結果示されたのはまさに五つの大きな因子で、１９６０年代初頭に報告されたものと本質的に同じであった。ビッグ・ファイブ（ゴールドバーグは五つの因子をそう呼んだ）は決して偶然の産物ではなかったのだ。[*2]

しかし、ビッグ・ファイブはパーソナリティがいくつの次元で構成されるかという問題に対する最終的な解答ではなかった。理由は二つある。第1に、これまで述べてきたビッグ・ファイブの知見はすべて英語で行われた研究に基づいていた。他の言語でパーソナリティ表現用語を検討対象とした場合に同じ因子が見いだされるかどうかは誰にもわからなかった。第2に、ビッグ・ファイブの発見は主として比較的少ない数の特性リストの分析に拠っていた。高速で計算できるコンピュータがなかった時代には対象とするパーソナリティ表現用語の数が多すぎると分析できなかったのだ。パーソナリティの特性リストがもっと大きければ、五つ以上の因子が見いだされる可能性は十分考えられた。

ちょうど新しいオフィスに移転した頃、私たちはパーソナリティ特性に関する新たな論文を読んでいた。それらの論文ではビッグ・ファイブ構造が他の言語やさらに大規模なパーソナリティ表現用語を対象とした場合にも見いだされるかどうかを検証していた。ヨーロッパではさまざまな研究チームが各言語――オランダ語、ドイツ語、ハンガリー語、イタリア語、ポーランド語――のパーソナリティ表現用語を対象に因子分析を行っていた。コンピュータの性能向上によって数百の用語を対象とした因子分析が可能になったのだ。研究の結果はほとんどの場合、ビッグ・ファイブがパーソナリティの基本的な次元であることを示唆していた。研究者たちは各言語で、英語で見慣れたあのビッグ・ファイブに対応した五つの因子を発見したのだ。

ある日、これらの研究結果について話をしていたとき、ビッグ・ファイブは非英語圏でもみられるのだろうかという疑問が浮かんだ。これまでのところ、パーソナリティ特性の因子分析的研究の対象はすべてヨーロッパか北米に限られていた。それゆえビッグ・ファイブが西欧文化特有のものであるという可能性は捨てきれなかった。非西洋文化圏で同じような研究を行うことで、ビッグ・ファイブが本当に人間のパーソナリティ特性に関する普遍的な何かを反映しているのかどうかがわかるに違いない。幸いなことに、私たちはこのような研究をするのに最適の立場にあった。仲間の一人は韓国で生まれ育ったために韓国語が堪能で、さらにソウルにいる元指導教官が喜んで協力してくれそうだった。私たちは韓国語のパーソナリティ表現用語の中からビッグ・ファイブが見いだされるかどうか試してみることにした。

1997年、私たちは韓国ソウルにあるソンギュングァン（成均館）大学の学生からデータを集めはじめた。400人の学生に、普段よく使うパーソナリティ表現用語約400語を用いて自分自身を評定するように依頼した。韓国の共同研究者からデータを受け取ると急いで下のフロアにある大学院生用のコンピュータ室に駆け降り、その日のうちに因子分析にとりかかった。そして不安な気持ちを抑えながらコンピュータの計算が終了するのを待った。当時はまだ、これだけ大きなデータで因子分析を行うには数分かかったのである。果たしてビッグ・ファイブと同じような構造は見つかるだろうか。五つの因子が見つかったとしてその5因子は何か解釈可能な因子だろうか。結果を最初にざっと調べたとき、私たちはほっとすると同時に結果に見入ってしまった。韓国語のパーソナリティ表現用語もまた、欧米諸国で報告された5因子と非常によく似た五つの因子に分類されたのだ。私たちはすぐに論文執筆に取りかかった。ビッグ・ファイブ構造がみられるのは欧米だけに限らないことを世界中のパーソナリティ研究者に報告しようとしたのだ。

結果をまとめている間、私たちはデータをもう少し詳しく調べてみた。因子数を変えて因子分析を行ったのだ。最初にデータを受け取ったときには、私たちの知っているビッグ・ファイブと韓国のそれとを比較できるように、単純に因子数を5に指定した結果を見たいと思っていた。しかし、5より大きな因子数を指定して計算させた場合に、韓国語のパーソナリティ表現用語がいくつのグループに分かれるのかが気になったのだ。そこで因子の数を6、7、8に指定して因子分析を行ってみた（コラム①で書いたように、因子分析を行う場合、因子の数は必ずしも明らかではない。逆に言えば、因子数をさまざまに指定して結果を比較検討することができる）。こうした分析は原稿執筆の合間の息抜きという側面もあったが、単純にどんな結果が出るだろうかという好奇心もあった。

因子数を8や7に指定して分析した場合、因子の中には非常に小さく、わずかな用語のみで構成された因子が含まれていた。しかし因子数を6に指定して分析した結果はとても興味深いものだった。ビッグ・ファイブに類似した5因子に加え、それなりに大きく、解釈可能な六つ目の因子が抽出されたのだ。六つ目の因子に含まれるパーソナリティ表現用語には真実、率直、正直、控えめ、誠実（韓国語からの翻訳）などと、その反対の側面を表す狡猾、計算高い、偽善的、尊大、うぬぼれ、お世辞、気取りなどの用語があった。[*3]

六つのパーソナリティ因子

6番目の大きな因子を見つけた私たちは驚いた。英語辞書を使った語彙研究では五つの因子しか見つかっておらず、6番目の因子が発見されたことはなかったからだ。もしかするとこの第6因子は韓国語以外の言語でもみられるのではないか。そう考えた私たちは、ヨーロッパのさまざまな言語で行われた研究の結果を調べ直してみた。ほとんどの研究はビッグ・ファイブが再現されるかどうかに焦点を当てていた。しかし、中には因子数を6に指定した場合の結果を簡単に記した論文もあった。そうした論文ではいずれも、誠実や控えめ、対、欺瞞的、欲張り、自慢げなどで構成される、韓国語の結果とよく似た因子の存在が記されていた。6因子解について何も書かれていないときには著者に問い合わせの連絡を送った。

研究者たちが私たちの再分析の依頼に答えてくれるかどうかはわからなかった。しかし期待は良いほうに裏切られた。ポーランド人研究者のピョートル・サロタ（Piotr Szarota）からは数時間とたたないうちに返信があった。イタリア人研究者のマルコ・ペルジーニ（Marco Perugini）からも返信があった。いずれの6因子解も似た内容だった。ビッグ・ファイブに似た五つの因子に加え、「正直さ–謙虚さ」とその対義語を両極とする因子で構成されていたのだ。

韓国語で発見した内容をまとめた論文は *European Journal of Personality* 誌に掲載された。その後、数年にわたり、私たちは大学院生のキャサリン・ボイス（Kathleen Boies）と一緒にフランス語の語彙研究に取り組んだ。モントリオールで行われた研究では、韓国語やヨーロッパの言語で見いだされた6因子と本質的に変わらない六つの因子が発見された。[*4]

これらの結果から、私たちは英語でも同じような6因子が見つかるのではないかと考えた。思い出してほしい。初期に行われた英語の語彙研究では、研究者が使うことのできるコンピュータの性能は非常に限られていたことを。それゆえ何百という語彙をまとめて分析することができなかったのだ。私たちは英語を対象に六つの因子が見つかるかどうかをもう一度調べ直すことにした。ある研究では、ルー・ゴールドバーグ（Lew Goldberg）がワレン・ノーマン（Warren Norman）と収集したデータを再分析してはどうかと親切にも提案してくれた。[*5] 別の研究では、自分たちで収集した英語のパーソナリティ表現用語リストを使用した。[*6] いずれの場合も、他の言語と基本的に同じ6因子解を再発見した。[*7] もはや何の疑いもなかった。パーソナリティには六つの主要な次元があるのだ。

さて、皆さんの中には次のような疑問を持つ方がいるかもしれない。本当は七つの（あるいは八つ、九つ、それ以上の）類似したパーソナリティ因子がさまざまな言語に存在するのではないかと。実は私たちも同じ疑問を抱いていた。しかし、六つの因子以外に一貫したパーソナリティ因子は見つからなかった。どうやら、パーソナリティ特性には六つの大きなカテゴリーしかないようなのだ。

私たちは今、ビッグ・ファイブ構造を見直し、新しい結果を取り入れるべきだと考えている。ある意味、私たちの発見は遅すぎた。5因子モデルはすでに多くの研究者に広く受け入れられているからだ。しかし、

表 2-1　語彙研究で見いだされたパーソナリティの 6 因子と各因子を表すパーソナリティ表現用語

H 因子	E 因子	X 因子	A 因子	C 因子	O 因子
正直さ – 謙虚さ	情動性	外向性	協調性	誠実性	経験への開放性
誠実 まじめ 忠実 義理堅い 控えめ でしゃばらない 公平 倫理的	感情的 神経過敏 感傷的 怖がり 心配性 神経質 傷つきやすい 依存的	活動的 陽気な 外向的 社交的 おしゃべり 明るい 活発 遠慮なく言う 自信満々	忍耐強い 寛容 平和的 穏やか 協調的 寛大 優しい とがめ立てしない	規律正しい 自制心がある 勤勉 効率的 慎重 徹底的 正確 完璧主義者	知的 クリエイティブ 型破り 想像力豊か 革新的 複雑 計り知れない 詮索好き 哲学的
―対―	―対―	―対―	―対―	―対―	―対―
狡猾 欺瞞的 欲張り 気取った 偽善的 自慢げ 尊大 自惚れた 自己中心的	タフ 大胆不敵 無感情 独立心が強い 自己主張が強い 無愛想 鈍感	シャイ 受動的 引っ込み思案 内向的 静か 控えめ 抑制的 陰気臭い	機嫌の悪い けんかっ早い 頑固 かんしゃく持ち 短気 強情 ぶっきらぼう	ずさん おろそか 向こう見ず 怠け者 無責任 ぼんやりした だらしない	浅はか 単純 想像力に欠ける ありきたり 閉鎖的

新しい研究結果はパーソナリティ因子が五つではなく、六つあると示唆している。私たちは新しいパーソナリティ特性モデルを提案することにした。ビッグ・ファイブの特徴はそのままに、新しい発見に共通の特徴を取り入れたモデルだ。

私たちはこの新しい枠組みをＨＥＸＡＣＯモデルと名づけた。「ＨＥＸＡＣＯ」という頭字語はまさにぴったりの名前だった。因子の数（hex はギリシャ語で6を表す）と因子の名前の両方を表現できるからだ。因子の名前は順番に[H]onesty-Humility（正直さ–謙虚さ）、[E]motionality（感情性）、e[X]traversion（外向性）、[A]greeableness（協調性）、[C]onscientiousness（誠実性）、[O]penness to Experience（経験への開放性）である。*8 表２－１は各因子の高さと低さを表す典型的なパーソナリティ特性用語を記した。次章では六つの因子についてさらに詳しくみていこう。

●注

1 Costa & McCrae（1992a）.
2 Tupes & Christal（1961）; Goldberg（1990, 1993）.
3 Hahn, Lee, & Ashton（1999）.
4 Boies, Lee, Ashton, Pascal, & Nicol（2001）. これらの言語で得られた知見のまとめは Ashton, Lee, Perugini, Szarota, de Vries, Di Blas, et al.（2004）を参照のこと。
5 Ashton, Lee, & Goldberg（2004）.
6 Lee & Ashton（2008）.
7 De Raad et al.（2010）はこれらの言語で6因子も5因子も再現されなかったとしている。この論文に対するコメントは Ashton & Lee（2010）、Ashton, Lee, & de Vries（2012）、Saucier（2009）を参照のこと。

8　HEXACOモデルの感情性因子はビッグ・ファイブの神経症傾向因子と似てはいるが同一ではない。因子名としては感情性（Emotionality）のほうがより正確で、Eを頭辞語とするのがふさわしいと判断した。だからといって因子の名前をあまり深刻に受け取らないでほしい。名前は便利だが内容を単純化しすぎるきらいがある。因子の特徴を知るには因子に属する特性を知ることが重要である。

3章

HEXACOパーソナリティの六つの次元

前章で説明したように、パーソナリティの特徴を大きく分けて六つに分類したものが、HEXACOである。つまり、これらの六つの次元ごとのレベルを評価することで、個人のパーソナリティをうまく要約することができるということだ。

しかし、ここで、ビッグ・ファイブについて以前に私たちが抱いた疑問が再び湧いてくる。これらのパーソナリティの因子はいったい何を意味しているのだろうか？　また、なぜHEXACOをパーソナリティの基本的な次元とすべきなのだろうか？　3章では、これらの疑問に答えよう。まずは、HEXACOの六つの各次元が高い人々と低い人々の特徴をより詳しく説明する。次に、現代の生活と人類の進化という過去の両面において、六つのそれぞれの次元が高い、あるいは、低いことの長所と短所について議論していく。

表3-1には、六つの因子の一般的な説明をそれぞれ記載している。各因子について、表の左側にはそ

表 3–1　ＨＥＸＡＣＯの各因子が高い人々，低い人々の説明

正直さ–謙虚さ（H 因子）	
高	低
・他人を操ることや不誠実であることを避ける	・他人に媚びへつらい，好意があるかのようにふるまう
・きちんと公平であろうとし，法を守ろうとする	・自分の利益のためにルールを曲げてもかまわない
・富と贅沢をそれほど重要と考えない	・お金や高価なものを欲しがる
・自分が優れているとは考えない	・特別な地位や特権を得る権利があると感じている

情動性（E 因子）	
高	低
・身体的危害を受けることを恐れる	・危険や痛みにも怖気づかない
・些細なことを気にする	・ストレスの多い状況でもあまり不安を感じない
・他の人たちと悩みを共有することを好む	・他者からの精神面でのサポートを必要としない
・他の人に共感的関心を抱く	・他の人への思い入れが少ない

外向性（X 因子）	
高	低
・自分の長所を理解している	・自分は評判が悪いと考えている
・グループの中で，自信を持って発言し，リードすることができる	・注目されるのが嫌である
・社会的な交流を楽しむ	・雑談をすることを避け，一人でいることを好む
・熱中して明るい気分になる	・生き生きとしておらず，活発でない

協調性（A 因子）	
高	低
・恨んだり，怒ったりしない	・大目に見るということは難しい
・他者に寛容	・他人の欠点を批判する
・柔軟な意見を持ち，融通が利く	・頑なに自分の意見を主張する
・忍耐強く，冷静沈着	・怒りっぽい

誠実性（C 因子）	
高	低
・物事を順序立てて，時間をかけて取り組む	・周囲の環境が散らかりがち，スケジュールが乱れがち
・目標を達成するために努力する	・難しい仕事や困難な目標を避ける
・正確さと完璧さを追求する	・不完全さ，不正確さを気にしない
・慎重に吟味して意思決定する	・後先考えずに行動する

経験への開放性（O 因子）	
高	低
・芸術や自然の美しさを理解している	・芸術や美を追求することに関心がない
・知的好奇心旺盛	・自然科学や社会科学に興味がない
・日常生活で想像力を働かせている	・創造的に活動することを避ける
・変わった意見を聞くのが好き	・型破りな考えを受け入れない

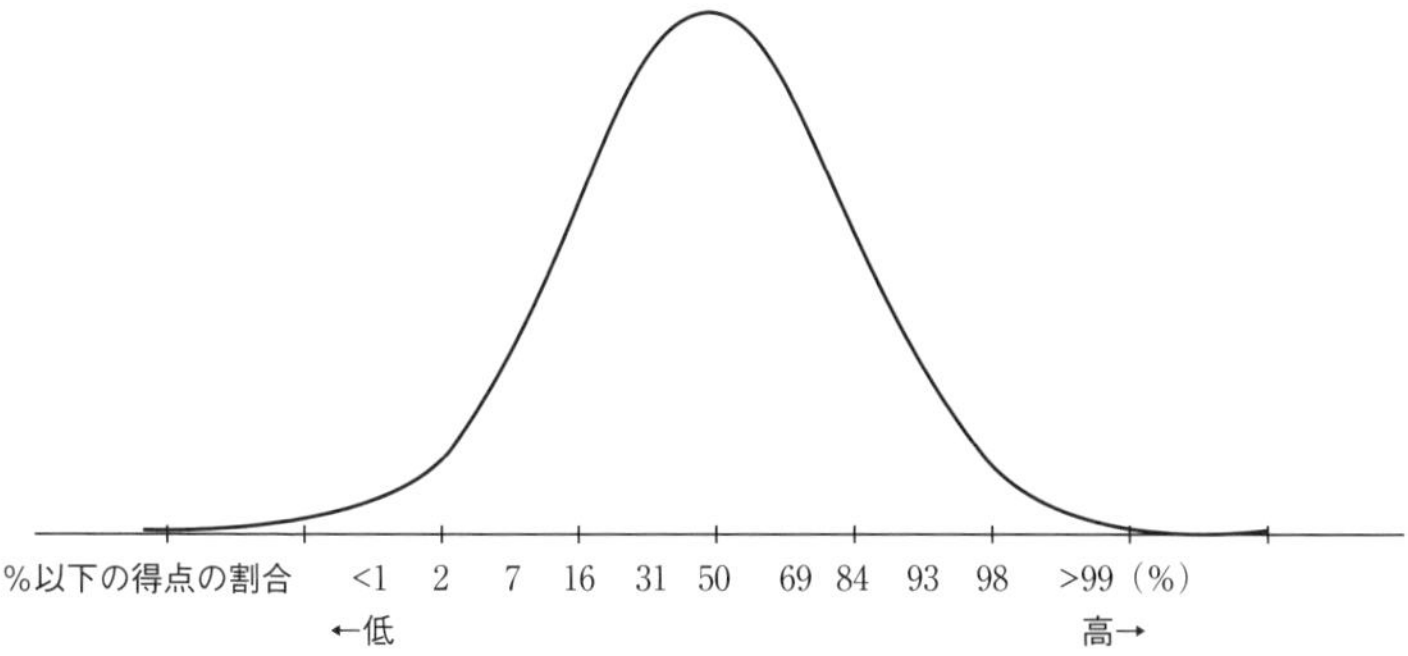

図 3-1　正規分布

の因子が非常に高い人々、右側にはその因子が非常に低い人々の特徴がそれぞれ示してある。これらの各因子は次元であり、連続性があることに留意しよう。ここではわかりやすくするために、ある次元が「高い」あるいは「低い」というように表現しているが、こうした表現は人々が二つのはっきりと異なるグループに分かれていることを意味するものではない。それどころか、大多数の人々は中間に位置しており、非常に高いレベルや非常に低いレベルの人々は比較的少ない。実際、各因子のレベルの分布は統計学者たちが正規分布と呼ぶものに近似しており、おなじみのベルカーブを描いている（図3－1参照）。

HEXACOの次元を理解する方法の一つは、自身の周囲との関わり合いのための二つの正反対の戦略として各次元を対照的に考えることである。ここで述べた「戦略」とは、意識的に行われる選択、あるいは計画的な選択を意味するものではない（高い身長と低い身長を、身長に関する二つの対照的な戦略として考えることはできるが、これは、人々が自分の身長を選ぶことを意味しているのではない）。私たちが意図していることは、パーソナリティ次元の反対側の極は、人生のある側面に対処する正反対の方法を表しているということである。ある次元で「高い」極を持つ人々がより適している時と場所があるし、低い極のほうがより適している時と場所も別にある。もし、ある次元の高い極のほうが低い極よりもいつでも常に優れている、あるいはその逆に優れていないというのであれば、ほとんどの人々のその次元のレベルはほぼ同じになり、パーソナリティのその側面には人々の間に大きな違いはなくなるだろう。*1

以下では、HEXACOの六つの特性のカテゴリーを、人生の重要な特徴に対処するための二つの正反対の方法、つまり二つの戦略の対比として解釈していく。六つのそれぞれについて、その次元のレベルが高い、あるいは低いことの長所と短所を考えてみよう。これらのトレードオフを説明する際には、現代生活における諸次元の影響を検討していく。研究者たちは、キャリア、人間関係、健康など、人生のさまざまな側面におけるパーソナリティとアウトカムの間の関連性を検討してきた。しかし、近代以前には、有史以来の最近でも、先史時代の遠い過去でも、私たちはまた、パーソナリティの次元がどのように重要であったかを推測することができる。

活動と努力：経験への開放性（O因子）、誠実性（C因子）、外向性（X因子）

まずは、経験への開放性（O因子）、誠実性（C因子）、外向性（X因子）についてそれぞれ考えてみよう。表3－1の三つの側面について、高い得点の人々と低い得点の人々の説明を見ながら、それぞれのケースについて、次の点から検討してみよう。どちらの極が「忙しい」ように見えるだろうか。つまり、どちらの極がより多く活動していることを意味しているだろうか？　おそらく三つの因子のいずれにおいても「忙しい」のは、高得点側であることがわかるだろう。O因子、C因子、X因子では、各次元が高い人々は、低い人々に比べて、何らかの活動に積極的に取り組んでいることが多い。これらの三つの特性のカテゴリーの違いは、それぞれが異なる種類の努力に関係しているという点である。

まず「経験への開放性」について考えてみよう。高いO因子を持つ人々の共通点はアイデアに関連した努力をする傾向だ。O因子の高い人々は、芸術や自然に深く没頭しようとする、人間や自然を理解しようとする、新しいアイデアを生み出し、古い問題に対する新しい解決策を探す、そして、なじみがない、はじめての方法や習慣を受け入れる。

このようなO因子とアイデアとの関係は、O因子の高い人々はO因子の低い人々よりも多くのことを学び、発見し、創造していく傾向があるということを示している。現代社会では、O因子の高い人々は幅広い一般知識と豊富な語彙を身につけていることが多い。さまざまなところに旅をし、物理的・文化的になじみのない環境を探索することを好む。また、芸術家や研究者のような、創造性を必要とする職業に就く人々が多い。[*2]

高いO因子を持つことは、人類進化の歴史において人々に何らかの利点があったものと思われる。他の民族や言語、さまざまな自然環境、新しい道具や技術について他の人々よりも多くのことを学び、かつ、他の面が他の人々と同等である人は、生存と繁殖に必要な資源を得るためのより良いチャンスを得ていたことだろう。しかし、高いO因子を持つことには欠点もあったはずだ。一つには、身体的な害を受けるリスクがある。新しい土地を探索したり、新しい方法を試してみたり、変わった意見を表明するなどのO因子の高い活動は、いずれも何らかの危険をもたらし得る。[*3] もう一つの欠点は、高いO因子特有の活動を行い、考えたり想像をめぐらすといったスイッチが常に入った状態にあることからくるエネルギー消費量の高さだ（脳は成人の体重の約2％を占めるだけだが、全エネルギー消費量の約16％を占めている）[*4]。

次いで、「誠実性」に目を向けてみよう。これらの特性に共通しているのは、課題に関連した努力をする傾向だ。高いC因子を持つ人々は、自分の時間や周囲の物理的な環境を整理する、長時間懸命に働く、細部に至るまで徹底的に注意を払う、そして選択肢を整然と注意深く考え抜く。

C因子の高い人々は、タスク関連の従事による重要な利益を得ることができる。このことは、現代の生活においていくつも明らかになっている。C因子の低い人々に比べて、学校でも仕事でも成績が良いことが多い。C因子の高い人々は、衝動を抑えることができるため、喫煙や薬物使用、過度の飲酒をする可能性が低い。また、重大な事故に巻き込まれる可能性が低く、ギャンブルや無用な支出によってお金を失う可能性が非常に低い。その結果、C因子の高い人々は、C因子の低い人々よりも経済的に恵まれており、長生きで健康的な生活を送ることが多い[*5]。

近世以前には、C因子の高い人々の労働倫理と計画力は、より大きく、安定した食糧供給とさまざまな災害への対処能力の向上を意味していたものと考えられる。これらの恩恵は、労働を行うことや計画を立てることが利益を生み出す見込みのある環境で最も大きいものとなっていただろう。しかし、その代わりに、より多くの食料を手に入れたり、災害を防いだりする機会が稀であれば、C因子が高いことに利点はなかっただろう。

高いC因子を持つことによる不利益の主要な点は、おそらくそのエネルギー消費にある。より多くの肉体労働を行う人々は、体に燃料を供給するためにより多くのエネルギーを必要とし、計画を立て衝動を抑制するという精神的な努力を行う人々では、脳に燃料を供給するためにより多くのエネルギーが必要となるだろう（おもしろいことに、自制心を働かせると脳の貯蔵するグルコースが減少するという知見もある）[*6]。食糧供給が現在ほど安定していなかった近世以前の時代において、努力をすることや計画的であることが必ずしも報われない環境に住んでいた場合には特に、こうしたエネルギー消費は実際に利益を上回っていたかもしれない[*7]。

続いて、「外向性」について考えてみよう。ここで共通しているのは、社会的な努力をする性質だ。高いX因子を持つ人々は、他人は自分のことが好きなのだと思い込んでいる[*8]。高いX因子を持つ人々は、自分の意見を述べたり他人をリードしたりすることが好きで、友人を作り、頻繁に交流することを好み、明るく情熱的である。

高いX因子を持つ人々の社会的関与は、彼らをあらゆる種類の交流において望ましいパートナーにさせる傾向がある。現代の環境では、X因子の高い人々は、大学の寮、社交クラブ、職場など、仲間内で最も人気のあるメンバーになることが多く、そうしたグループのリーダーになる可能性も高い。そして、彼らはたいてい肉体的に魅力的であり、それゆえ性的にも高い魅力を持っているとみなされている[*9]。

人類の進化の歴史において、X因子の高い人々は、概して多くの友人、味方、仲間を持っており、より良い友人、味方、仲間を選ぶことができたはずである。このような社会的資源のネットワークは、人が生き残り、繁殖する見込みを高めてきたものと思われる。しかし、生き生きとし、活発な状態を維持している人々では、消極的な人々よりも多くのエネルギーを消費してしまうため、高いX因子を持つことには、重要なエネルギーを消費してしまうという欠点がある。その他に、好ましい意味での社会的注目を集める人は、そうした注目を欲している人々からの競争的な意味での敵意をも引き寄せる可能性が高いという欠点もある。この欠点は、身体的危害を受ける危険性につながる。[*10]

こうした説明にしたがって、O因子、C因子、X因子の三つが高い人は、どのようなパーソナリティであるのかを読者は想像することができるかもしれない。O因子、C因子、X因子の三つが高い人は、「スイッチをオンにしたような生き生きとした」パーソナリティであり、逆に低い人は「無気力」なパーソナリティであるように思えるだろう。しかし、O因子、C因子、X因子の三つは互いに関連しないため、三つの因子すべてが非常に高い人々も、非常に低い人々も、ほとんどいない。

利他主義と敵意：正直さ―謙虚さ（H因子）、協調性（A因子）、情動性（E因子）

次に、正直さ―謙虚さ（H因子）、協調性（A因子）、情動性（E因子）についてみてみよう（表3-1参照）。O因子、C因子、X因子の場合とは異なり、H因子、A因子、E因子の極のどちらかが反対側の極よりも忙しかったり、熱心であったりというようなはっきりとした性質はない。その代わりに、H因子、A因子、E因子はそれぞれ「利他的」傾向（高い極）と「敵意的」傾向（低い極）の対照となっている。しかし、これら三つの因子は、利他主義と敵意にさまざまなかたちで関係している。

まず、「正直さ―謙虚さ」因子について確認してみよう。高いH因子を持つことには、他人を不当に利用しないという共通点がある。H因子の高い人々は、他人を操ったり、騙したりすることを好まない。H因子の高い人々は、他人をだましたり、他人から盗んだりしない。また、他者を利用する権利を持っていると考えたりしないし、人より多くのものを持ちたいと思うこともない[*11]。

このような他者から搾取することを嫌う姿勢は、さまざまなかたちで表れる。H因子の高い人々はさまざまな種類の犯罪を犯す可能性が非常に低い。H因子の高い人々は、一般的に、他人に公平な分け前を、そうしなくてもすむような場合でも、また相手が他人であったとしても与える。彼らは利益よりも倫理を優先し、浮気や、性的搾取する可能性が非常に低い（これらのことについてはすべて、9章で詳しく説明する）。

高いH因子を持つことの重要な利点は、他人に公平に接することで、将来、他の人たちと協力できるという利益を得られることである。つまり、他人を利用しないことで、他人は概して自分を信頼し、協力するようになるのである。現代社会では、他人からの協力によってより満足のいく生活を送ることができるが、前近代的な環境では、この協力という「預金」が、生存と繁殖の確率を高めるために重要であったかもしれないのである。対照的に、H因子の低い人は他人の好意を損なうことで協力を受けることができなくなる上に、激しい報復を誘発することさえある[*12]。

高いH因子を持つことの欠点は非常に明白である。もしあなたの良心が他人を搾取することをまったく許容しないのであれば、否定的な結果を被る可能性がほとんどないような個人的状況においても、利益を得られる多くの機会を逃すことになる。高いH因子を持つ人は、露見する可能性がない場合でも、被害者となる人々に報復する力がない場合でも、他人を搾取することはない。

次の「協調性」について説明すると、高いA因子を持つことには、たとえつきあいにくい相手であっても、うまくつきあっていこうとする特徴が共通している。高いA因子を持つ人々は、過去の不正をわりと簡単に許すし、他者に対して甘い判断をする。また、他人が思い通りにふるまうことを許容する柔軟性がある。挑発されても、なかなか怒らない。

こうした寛容で忍耐強い性質は、興味深い結果をもたらす。高いA因子を持つ人々は概して結婚生活が幸せなものであると報告しているし、配偶者もそのように報告している。また、冠状動脈性心疾患の発症リスクが低いだけでなく、冠状動脈性心疾患からの回復の可能性も高い。[*13]

現代生活においても、進化の過程においても、高いA因子を持つことの利点は主に、協力の利益を維持することである。一見、あなたにひどい仕打ちをしているように見えていた人が、実はかなりいい人だったというケースは少なくない。もしあなたが高いA因子を持っているのなら、協力を続ける（あるいは再開する）ことで、その人との継続的な協力による将来得られる利益を逃すことはない。しかし、高いA因子を持つことの欠点は、本当にあなたを搾取しようとしている人々とも協力し続けてしまうことだ。[*14]

H因子とA因子は、協力的である性質の異なる二つの側面を表している。高いH因子を持つ人々は、あなたを一方的に搾取できるときでさえあなたに協力的であるし、高いA因子を持つ人々は、あなたがそれほど協力的でなくてもあなたに協力的である。H因子の低い人々は、あなたを不当に利用することで協力関係を危うくし、低いA因子を持つ人々は、あなたが自分を利用していると判断するまでが早すぎるため協力関係を損なう。

最後に「情動性」について説明しよう。E因子に共通するのは、自分自身と近縁者の生存・存続を促進することだ。高いE因子を持つ人々は身体的な危険を避ける。E因子の高い人々は自分自身や家族が危害を受ける可能性を心配するし、困ったときには助けやサポートを求める。また、家族や親しい友人に対して、強い共感と愛着を抱く。

E因子に関連する自己と血縁者の保護は、さまざまなかたちで現れる。例えば、非常にE因子が高い人々では、心理学者が「分離不安障害」と呼ぶ障害へのリスクがある。[*15] この障害は通常、子どもで診断されるが、大人で診断されることもある。一晩でも配偶者や子どもと離れることを恐れ、不慮の事故や誘拐などといった降りかかる可能性のめったにない危険を強迫観念的に心配する大人もいる。高いE因子を持つ人々は、

コラム 2

牧畜社会、農耕社会と最適なA因子のレベル

人との協力によって得られる利益と他者に搾取されるコストが釣り合うところにA因子の最適な水準が依存している可能性について、一つ例をあげて考えてみよう。（家畜を基盤とする）牧畜社会と（作物を基盤とする）農耕社会の対比を検討してみよう。羊や牛などの家畜は自由に動き回るので、簡単に家畜泥棒に駆り集められて追い立てられてしまう。このような搾取による大損害を防ぐという理由から、牧畜社会ではAのレベルが低いほうが好ましい。反対に、農耕社会ではAが低いことにあまり利点はみられない。泥棒一人が畑の作物を収穫して持ち去ることは非常に困難であるし、協力の機会も多くなるかもしれない（昔ながらのやり方で行われる養蜂のための納屋は地域住民が協力することで建築されることを思い浮かべてよう）。アメリカ南部と北部の白人入植者の文化の違いを説明するために、牧畜社会と農耕社会を対比させる研究者たちもいる。アメリカ南部は、主に牧畜民が定住していた高地であり、些細なことで争いとなる「名誉の文化」を持っていることで知られている。[*16]

恐怖症になりやすく、動物、血液や注射、衝突や倒壊、そして閉所などの身体的な危険に対しても過剰に強い恐怖を抱く。[*17] 逆に、非常にE因子が低い人々は、家族の絆に無関心であり、恋愛もできない、という逆の問題を抱える可能性がある。また、身体的危害や苦痛を恐れることがなく、仕事でも遊びでも大きな危険に身をさらしているため、けがを負ったり、死に至ったりする人々さえいる。

したがって、高いE因子を持つことの利点は、自分や血縁者に深刻な危害が降りかかる見込みが低くなることである。しかし、その代償として、E因子が高い人（とその血縁者）は、自分や血縁者の幸福を脅かすリスクを伴う活動から得られる可能性のある利益を手放すことになる。人類進化の歴史上、最適なE因子のレベルは地域の環境によって異なるものと考えられる。例えば、生きていくために危険と隣合わせの仕事をするしかなかったのであれば、E因子は低いほうがよかっただろう。あるいは、自分や子孫に降りかかりうる危険の多くが回避可能なのであれば、E因子は高いほうがよかっただろう。

高いE因子を持つことと低いE因子を持つことの相対的な有用性は、性別によっても異なる。人類進化の歴史を通じて、子どもの生存は父親よりも母親の生存に大きな影響を受ける。[*18] そして、妊娠と授乳という生物学的コストの高さは、次の子どもを持つことが男性よりも女性ではるかに困難となることを意味している（その上、女性は、どの子が自分の子で、どの子が自分の子でないかということに疑問を抱くことは稀だが、男性はその両方について確信を持てることは比較的少ない）。このような事実と一致するように、E因子の平均的な高さは男性よりも女性のほうが高い。この平均レベルの差は決して大きなものではなく、身長と同じように男女のE因子の高さには重なりは多いが、アメリカとトルコ、韓国とオランダといった異なる文化圏でこの差は確かに確認されている。

先に述べたように、E因子は強い共感的関心と情緒的愛着の感情を促進し、その結果、血縁者に対する利他主義（と攻撃性の抑制）を促進する。つまり、E因子の高い人々は血縁利他主義への強い傾向がある。ここで、E因子が高いだけでなく、H因子とA因子が高い、つまり、協力的な、あるいは互恵的利他主義の人がいるとする。このような人は全般的に利他性が高く、とてもいい人だ。逆に、E因子、H因子、A因子が低い人は、敵対心が強く、とても嫌な人である。

この章では、HEXACOの意味について、この六つの次元がなぜ重要なのか、そして、人々のパーソナリティにこうした違いがなぜあるのかの説明を試みた。各次元は、周囲の環境に対応した二つの相反する戦略とみなすことができることを論じた。人の生きる場所と時間に応じて、特定の次元のレベルが高いほうが低いほうよりもうまくいくかもしれないし、その逆もまた然りである。

ここまでは、各因子を単独で検討してきた。次章では、パーソナリティ次元のさまざまな組み合わせによって示される人々のパーソナリティを探っていこう。ここでは、H因子が低く、他の五つの因子が高い、あるいは低い人々に焦点を当てていく。

しかし、このような低いH因子を持つさまざまな人々について知る前に、パーソナリティに関する基本的な疑問のいくつかに関心はないだろうか。遺伝によって、あるいは経験する環境によって人々は異なるパーソナリティを持つのだろうか。また、人々のパーソナリティは生涯を通じてどの程度変化するのだろうか。これらの疑問については、コラム④とコラム⑤で検討している。

コラム 3

パーソナリティと利他主義：ミッシングリンクとしてのH因子

私たちがパーソナリティ特性語研究を行う中でH因子に気づいたとき、数年来悩まされてきた問題の答えがようやくわかった。1996年に共同研究をはじめたとき、私たちは、生物学者が言うところの「血縁的利他主義」（家族や家族に準ずる人たちを保護し、気遣う傾向）と「互恵的利他主義」（一般的に、他者に協力する傾向）の観点から、ビッグ・ファイブの協調性因子と情緒安定性因子を理解しようとしていた。基本的には、「感傷的」な諸特性（共感性や情動的愛着など）は血縁的利他的行動を促進するはずであるのに対して、「忍耐強さ」の諸特性（寛容さや短気さえも）は互恵的利他的行動を促進するはずであると考えていた。

多様な言語で行われた研究で、感傷的な特徴と忍耐強さの諸特性が、それぞれE因子とA因子にきれいにまとまることが示されたとき、このことは非常に納得のいくものであった。しかし、H因子が見つかったことで、さらに大きな問題が解決された。かつて血縁的利他主義と互恵的利他主義に関連する諸パーソナリティ特性についての考えを深めていたときに、何かが欠けていることに私たちは気がついたのだ。理論生物学によれば、「互恵的利他主義」には2種類のまったく異なる特性が含まれているはずである。寛容で忍耐強い人は、他人に対して日頃不当に怒っているということはないので、協力者として適している。正直で公正な人というのは、他人をだまそうと日頃から考えているということはないので、同じく、協力の相手として適している。

後者のこうした傾向には、ビッグ・ファイブ・モデルの中に独自の位置づけがなかった。しかし、6番目の因子が見つかったときには、すべてが整然と一直線上に並んでいたのである。血縁的利他主義を促進する諸特性であるE因子、「忍耐強さ」の相互的利他主義のA因子、そして「公正さ」の相互的利他主義のH因子である。

前述したように、これら三つの因子が高い人々というのは、非常にいい人たちなのである。このことは、パーソナリティ構造に関する語彙研究の結果にも現れており、例えば、共感的であるとか、優しいといった、全般的に「いい人」の傾向を表す諸特性は、E因子、H因子、A因子の特性のカテゴリーに分類される傾向がある。

コラム 4

生まれと育ち

現代の先進国の大人たちを想定してみよう。このような大人たちは収入や教育のレベル、宗教、そして子育てのスタイルもさまざまに異なる家庭で育った。しかし、それでもこの大人たちには多くの共通点がある。それは、全員が同じ民族、同じ世代の出身であり、全員が同じような学校に通い、ほぼ同じようなコミュニティで育ったという点である。幼少期に深刻な虐待やネグレクトを受けた人はおらず、極貧であった人はいない。

このグループの大人たちは、まったく多様なパーソナリティを示すことだろう。六つのパーソナリティ次元のどれをとっても、非常に高い人々もいるだろうし、非常に低い人々もいるだろう。そして、ほとんどの人々はその中間に位置していることだろう。

しかし、なぜこんなにもパーソナリティは多様なのだろうか。それは遺伝子の違いという生まれに主に由来するものなのだろうか、それとも家族や育った家庭の違いという育ちに主に由来するものなのだろうか。その答えは、パーソナリティ心理学の発見の中で最も印象的なものの一つである。パーソナリティの違いには遺伝子が大きく関与しており、養育環境はほとんど関与していないのである。

どのようにしたらそのようなことがわかるのだろうか？ 研究者たちは、さまざまな種類の血縁者たちのパーソナリティを測定し、それらのさまざまな血縁者たちが一般的にどれくらい類似しているかを調べることで、これを解明してきた。例えば、（遺伝子を100％共有している、つまり、遺伝的に同一である）一卵性双生児のペアを何組も測定したとする。また、（双子でない普通の兄弟姉妹と同じく、遺伝子の50％を共有する）二卵性双生児でも同様に、何組も測定をしたとする。一卵性双生児のほうが二卵性双生児よりもパーソナリティが類似している傾向があるとすれば、遺伝（生まれ）がパーソナリティに影響していることが示唆される（ここで問題としている遺伝子は、実際に個人差がある遺伝子のことである。全人類で共通する、大部分の遺伝子については、問題としていない）。

別の例として、一緒に育った血縁関係のある兄弟姉妹を何組も測定したとする（これはよくみられる状況である）。また、（おそらく養子縁組や離婚が原因で）離れて育てられた血縁関係のある兄弟姉妹の組についても同じく測定したとする。もし、一緒に育った兄弟姉妹のほうがパーソナリティに類似傾向があれば、これは生育環境（育ち）がパーソナリティに影響をすることを示唆している。

最後の例として、（家族が養子縁組をした場合のように）血縁関係のない兄弟姉妹の組を多数測定したとする。これらの兄弟姉妹のパーソナリティに少しでも類似傾向がある場合もまた、生育環境がパーソナリティに関係していることを示唆している。

研究者がこのような研究をすることで、次のようなことがわかる。*19

- 平均的に言えば、一卵性双生児たちのパーソナリティは非常に類似しており、二卵性双生児たちに比べると約2倍である。
- 平均的に言えば、血縁関係のある兄弟姉妹たちのパーソナリティに類似性は多少あるものの、一緒に育ったか離れて育ったかは関係がない。

● 平均的に言えば、養子縁組をしている親類のパーソナリティはまったく似ておらず、血縁関係のない、その他の人たちと変わりがない。

これらのことから、人々の遺伝子の差異はパーソナリティの差異に寄与しており、養育環境の差異はそうではないことがわかる。最近の最も正確とされる推定では、パーソナリティの差異は遺伝子の差異によるものが約3分の2であり、幼少期の家庭環境の差異によるものはほとんどないとされている。つまり、同じ遺伝子を持つ二人の人間は、異なる家庭で育ったとしても、どちらかといえば似たようなパーソナリティになる可能性が高いということである。また、まったく異なる遺伝子を持った二人は、同じ家庭で育ったとしても、かなり異なったパーソナリティを持つことになるだろう。ただし、これらの研究にはおそらく、子どもの頃にひどい虐待やネグレクトを受けた人はほとんど含まれていないということに注意しよう。もし、研究の調査対象者にそのような人々がたくさんいたとしたら、養育環境の影響を示す結果がみられるかもしれない。[20]

ところで、これらの知見は、特定のパーソナリティ因子のレベルが高いか低いかを決定する一つの、あるいはいくつかの特定の遺伝子が存在するに違いないということを意味するものではない。これまでの研究では、パーソナリティの差異は非常に多くの遺伝子による複合的な影響によって生じることが示唆されており、それぞれの遺伝子は単独ではわずかな影響しか及ぼさないことがわかっている。これらの遺伝子が、脳の働きを通してどのようにパーソナリティに影響しているかについて、研究者が表面的な理解を超えるには、おそらくまだまだ長い時間がかかる。

しかし、人々の間のパーソナリティの差異の3分の2が遺伝子の差異によるものであり、家庭環境の差異によるものがまったくないのだとしたら、残りの3分の1のパーソナリティの差異はどうなのだろうか。大人になってからのパーソナリティは、育った家庭や家庭環境には左右されることはあまりないかもしれないが、成長期の経験がやはり何らかの影響を及ぼしている可能性がある。研究者たちは、大人のパーソナリティに影響する可能性のある幼少期の経験のいくつかを示唆している。

- 思春期における仲間（友情）グループ：人々はパーソナリティのある面では友だちと似てくる（それによって仲間に溶け込む）かもしれないし、他の面では友だちとは違ってくる（それによって仲間の中でユニークになる）かもしれない。[*21]
- 出生順：具体的には、その家庭で育った兄弟姉妹の中での年齢順位のこと。例えば、早く生まれた子どもよりも遅く生まれた子どものほうが反抗的である可能性が示唆されている。[*22]

これまでに行われた研究では、これらの影響は小さいものと思われるが、[*23] 他のさまざまな影響と合わせて考えると、遺伝的な差異では説明できないパーソナリティの変動の3分の1を占めるものと考えられる。

コラム 5

パーソナリティは変化するのか

パーソナリティが変化するのかという問いは、実は異なる二つの問いに分けられる。第1に、平均的な人は、生涯を通じて何らかの予測可能なかたちで変化するのだろうか。そして第2に、同年代の平均的な人と比較して、人は変化するのだろうか。これらの質問の違いを確認するために、運動能力について考えてみよう。成人は平均的には20歳から60歳までの間に運動能力が明らかに低下するが、だからといって、最も運動能力の高い20歳が最も運動能力の低い60歳へと変化していくというわけではない。

人が典型的にどのように成長していくのかを把握するために、研究者たちは数年おきに人々のパーソナリティを測定した。その結果、10代から40代の間にほとんどの人々でパーソナリティのA因子、C因子、H因子がいくぶん高くなっていることがわかった。この差異はそれほど大きなものではなく、実際、10代でもこれらの因子が高い人々はたくさんいるし、中高年でも低い人々もたくさんいる。しかし、傾向としては、若年成人期以降、成人期以前よりも責任感が強く、社会性のある市民となることが多いようだ。[*24]

なぜこのような変化が起こるのか、その理由はまだ明らかにはなっていない。おそらく、人々が青年期を経て、時間が経過するにつれて、これらのパーソナリティの特徴を示す生物学的素因に変化があるのだろう。あるいは、キャリア、結婚、子ども、家の所有など、若年期の生活環境の典型的な変化が、こうした側面のパーソナリティに関連する行動をより多く引き出すというだけのことなのかもしれない。

同じデータを使って、同年代の他の人たちと比較し、人々がどのように変化していくのかを研究者たちは把握している。これらのデータによると、一般的に、同年代の他の人と比較した場合のパーソナリティ特性レベルは、何年経っても非常に一貫していることが示されている。どのようなパーソナリティ特性であっても、(例えば)30歳のときのレベルは、50年後の80歳のときのレベルに近い可能性が高い(この一貫性の程度は、主要なパーソナリティ特性のレベルが些か変化する思春期や青年期にはやや低くなる)。[*25] パーソナリティ特性のレベルに大きな変化を示す人々もいるが、ほとんどの人々は大きな変化を示さない。

●注

1　これらの戦略は意識的な選択というよりもパーソナリティの性質であるため、人々は直面する状況に応じて戦略を完全に自由に変更することはできない。人々は遭遇する状況に応じて自分の行動を調整しようとすることはできるが、その行動が自身のパーソナリティの性質と相反するものである場合には、(不可能ではないものの)非常に困難である可能性がある。

2　O因子の高い人々はO因子の低い人々よりも多くの知識や言葉を知っていることが多い。しかし、こうした違いは、O因子の高い人々がO因子の低い人々よりも一般的に賢いということを表しているというわけではない。平均的に、O因子の低い人々はO因子の高い人々と同じ程度に、論理や数学の難問を解くことができる。しかし、O因子の高い人々はさまざまな本を読み、新しいことを学ぶことを楽しむ傾向があり、O因子の低い人々よりも概して多くの知識や言葉を学んでいる。

3　一部の研究者は、O因子が高いと、統合失調症やその他の妄想性障害など、非常に有害な特定の精神疾患を発症するリスクがあることを指摘している。しかし、O因子とこれらの障害との関連は非常に弱く（Ashton & Lee, 2012）、障害の存在がO因子の高さに寄与することはほとんどないと思われる。

4　Aiello & Wheeler（1995）.

5　このような高いC因子を持つことの利点は、知能とは独立したものである。高いC因子を持つ人々は平均的に、低いC因子を持つ人々より賢いということはない。さて、妥当であることが十分に検証されたＩＱテストによって賢いことを確認された人々は、高いC因子を持つ人々と同じように、より良い成績を収め、仕事でも高い成果を上げている。しかし、ＩＱとC因子は互いに相関しないため、ＩＱとC因子の得点の両方を知ることで、片方だけを知るよりも、人々の学校や仕事の成績をより良く推定することができる。特に成績の良い人々はC因子とＩＱの両方が高く、特に成績の悪い人々では両方が低い。C因子が高くてＩＱが低い人々、C因子は低くてＩＱが高い人々は、その中間に位置する。

6　Gailliot & Baumeister（2007）.

7　高いC因子を持つ人々は衝動的でないことから、自発性に欠け、行動が遅く好機を逃すと指摘する研究者もいる。しかし、この指摘は、二つのまったく異なるタイプの衝動性を混同している。自分の衝動をコントロールできないことは、低いC因子を持つことと関連しているが、好機をつかむ準備ができていることは、実際には高いC因子を持つことと少なくとも弱い程度の関連をしており、高いX因子を持つこととは強めの関連を示している（Dickman, 1990 を参照）。

8　ちなみに、X因子の高い人々とX因子の低い人々というのは、「外向的」と「内向的」という一般的な言葉で非常に的確に表現することができる。

9　このことは、X因子の高い人々がより魅力的に見えるのはなぜかという興味深い問いを惹起している。おそらく、肉体的に魅力的な人々は、社会的な注目を浴びることで、より高いX因子を持つようになる性質があるのだろう。あるいは、活力や社交性から、X因子の高い人々はより魅力的であると認識されるのかもしれない。またあるいは、X因子の高い人々は、例えば、より積極的に体を動かしたり、外見を磨くことに関心があったりと、外見においても、より魅力的になるように実際にふるまっているのかもしれない。

10 また高いX因子を持つことの利点と欠点は、他者の持つX因子の高さにも左右される。ほとんどの人々のX因子が低い場合には、X因子の高い人は簡単に友人、味方、仲間を引き寄せることができる。しかし、ほとんどの人々のX因子が高い場合には、X因子の高い人は魅力を持った社会的なパートナーとなる可能性を持つ多くの人々の一人にすぎない。このような場合、高いX因子を持つことのメリットはエネルギーコストやリスクを擁護するほど大きなものではなく、X因子の低い人々が生存や繁殖において有利となるだろう。

11 正直と謙虚が同じカテゴリーであることに驚かれることがある。しかし、謙虚さの欠如と正直さの欠如は、どちらも同じく他の人々を利用する性質の一部である。強い優越感と特権意識を持っている人は、他人から欲しいものを得るために、ごまかしや操作をすることを正当化しようとする性質がある。

12 このことは、H因子の高い人々がこのような帰結を意識的に考えているということではない。真にH因子の高い人は、個人的な倫理観に支配されており、たとえ客観的にみて発覚する可能性も報復を受ける可能性もないとしても、他人を搾取するような行為をしたならば、(その人自身の良心によって)罰せられるかのようにふるまうのである。

13 夫婦円満については、Watson et al. (2004)、心臓病については、Chida & Steptoe (2009) を参照。

14 高いA因子を持つことと低いA因子を持つことの利点と欠点は、おそらく、他の人々の因子の高さによって変わるだろう。ここで重要となるのは、他の人々のA因子の高さではなく、H因子の高さだ。多くの人々のH因子が低い場合には、A因子は低いほうがよい。なぜなら、怒りや恨みは、あなたを搾取しようとする人々からあなたを守るのに役立つからである。しかし、他の人々のH因子が概して高い場合には、A因子は高いほうがよいだろう。というのも、基本的に公平な考えの人々と接するときには、寛容でいるのが無難だからだ。同じように、高いH因子を持つことと低いH因子を持つことの利点と欠点は、他の人々のH因子の高さによって異なる。H因子の低い人々がほとんどいない場合には、H因子の低い人は他人をうまく搾取できるかもしれないが、H因子の低い人が多くなると、搾取するのはずいぶんと難しくなるかもしれない。

15 成人における分離不安障害と情動性に関連するパーソナリティ特性との関連については、Silove, Marnane, Wagner, Manicavasagar, & Rees（2010）を参照のこと。

16 Cohen et al.（1996）.

17 Ashton, Lee, Visser, & Pozzebon（2008）.

18 Campbell（1999）; Taylor et al.（2000）.

19 Bouchard & Loehlin（2001）; Loehlin（2005）; Plomin & Caspi（1999）; Riemann, Angleitner, & Strelau（1997）; Riemann & Kandler（2010）; Kandler, Riemann, Spinath, & Angleitner（2010）.
遺伝率研究に関する一般的にみられる誤解については、Visscher, Hill, & Wray（2008）を参照。

20 知能、宗教的信念、政治的態度など、その他の心理特性については、家族間の差異が人々の差異に大きく寄与しているものもあるが、それは思春期か成人期初期までのことである。育った家庭はＩＱや信念、態度に明らかに、何らかの影響を与えるが、その影響は成人期初期以降に非常に弱いものとなる（Plomin & Spinath, 2004）。この点については、7章の政治的態度に関する考察でさらに詳しく述べる。

21 Harris（1995）.

22 Sulloway（1995）.

23 Jefferson, Herbst, & McCrae（1998）; Loehlin（1997）.

24 Roberts, Walton, & Viechtbauer（2006）.

25 数字が好きな人たちのために説明すると、この50年の間の相関は約.60から.80と推定されている。この値は非常に高いものであるけれども、少なくとも一部には、同世代の人々に比べてパーソナリティの重大な変容が生じた人々がいることを示している値でもある。例えば、一般に、人生の危機によって引き起こされる大うつ病エピソードを経験した人たちの多くは、外向性や情動性などのパーソナリティ特性のレベルに大きな変化を示す。Costa & McCrae（1992b）を参照。

4章

低いH因子の人たちのフィールドガイド

本書ではこれまでのところ、パーソナリティの主要な六つの因子すべてについて解説してきた。残りの章では主に正直さ–謙虚さ（H因子）に焦点を当てていく。この因子に特に注意を向ける主な理由は、H因子が、友人や恋愛パートナーの選択、性的行動、お金や権力に対する考え方、政治的・宗教的な見解など、人生の多くの側面に強い影響を与えるからである。ただし、このようなH因子の現れを説明する前に、ここではH因子が低い人たちのパーソナリティをより詳しく説明していく。ただ単にH因子の高い人たちに焦点を当ててもよいのだが、H因子の低い人たちの行動がしばしば劇的（かつ有害）な結果をもたらすことを考えると、さまざまな意味でこの次元の低い極にいる人たちを考察するほうが興味深いのである。

前章ではH因子の低い人たちの中核となる特徴について述べた。しかし、H因子の低い人たちは他の五つのパーソナリティ因子の水準に応じて互いに大きく異なる様相を示す。ここでは、低いH因子と他の各パーソナリティ因子の水準が高い／低いが組み合わさった人たちの主要な特徴を探ることで、H因子の低いパーソナリティにおける代表的なバリエーションをみていく。低いH因子と他の因子の組み合わせを順番に取り上げることで、低いH因子の人たちにおいてどのようにそのパーソナリティが現れているのかを示していこう。

次から述べていくプロフィールを読むとき、いくつかの重要なポイントを押さえていてほしい。第1に、H因子が非常に低い人の場合は、複数のプロフィールに同時に該当することがあり得る。第2に、どのプロフィールの説明についても、それにあてはまるかあてはまらないかの二択ではない。つまり程度問題であり、その人が持っている因子が高いか低いかによって変わる。第3に、これらのプロフィールの中には、自分自身のパーソナリティを少なくともわずかに思い起こさせるようなものがあることを覚悟してほしい。恐らく、これらのプロフィールの中で最低でも一つや二つ、あなた自身のパーソナリティの片鱗を見ることになるだろう。しかし、それはほとんどすべての人にあてはまることであり、これを書いている著者も例外ではない。

低いH因子・低いE因子：恐れ（もしくは哀れみ）知らずの強欲

リスクテイキングは強欲と恐怖に統制されるとよく言われる。なるほど、低い正直さ—謙虚さ（H因子）と低い情動性（E因子）が組み合わさった人たちは相当な強欲であり、恐怖心はあまりない。すなわち、彼ら／彼女らは金と権力に飢えていて、その欲望が身体的な被害が生じるリスクによって減じられることはない。したがって、名声や富を追求する上で最大のチャンスを掴むのは低いH因子・低いE因子の人たちなのである。彼ら／彼女らは、どんな危険があろうともすべてを勝ち取ろうとするのだ。

私たちはこの傾向を「地位駆動型リスクテイキング」（status-driven risk taking）と呼んでいるが、これはいくつかの仕方で現れる。[*1] 例えば、Ｈ因子とＥ因子の両方が低い人たちは、非常に高給だが危険な仕事に就きたがる。もし命がけの紛争で戦うことで多額の報酬が得られるような傭兵を募集するとすれば、おそらくＨ因子とＥ因子の低い人たちがたくさん応募してくるはずだ。人里離れた世界の片隅にある非常に危険な場所に現代のゴールドラッシュがあったとしても、同じような人たちが集まってくるだろう。

低いＨ因子と低いＥ因子の組み合わせは、もっと一般的な状況における地位駆動型リスクテイキングにも関係する。自分の勇敢さを誇示して競争するのが好きな人たちは、低いＨ因子・低いＥ因子の人たちである傾向がある。「チキン」ゲームを考えてみよう。はたまた、酒場でのけんかを考えてみよう。これらの競争に参加するのはほとんど常に男性、それも若い男性である。この事実は、Ｅ因子とＨ因子の高さが男女で異なることが大きく影響していると考えられる。女性に比べ、男性はＥ因子がかなり低く、Ｈ因子もやや低い傾向があるので、極めて低いＨ因子、極めて低いＥ因子の人たちの大半は男性である。そして、競争は同性間で最も激しくなる傾向があることを考えると、地位を争って殺された人たちのほとんどが男性であったことは想像に難くない。すなわち、殺人や事故死の割合は、一貫して女性よりも男性のほうがはるかに高く、特に、競争が著しく激しい若年成人期において顕著である。[*2]

以上のことは、殺人や事故死はもとより、地位駆動型リスクテイキングをパーソナリティ、特にＨ因子とＥ因子ですべて説明できると言っているわけではない。文化的な背景も重要になる。例えば、所得格差の激しい「勝者独り占め」の社会では、地位駆動型リスクテイキングは高くなるだろう。また、一夫多妻制、すなわち妻が何人もいる男性もいればまったく妻がいない男性もいるような社会であれば、なおさら地位駆動型リスクテイキングは高くなる。極端な不平等があると、男性はより低いH因子・低いE因子の行動をとるようになり、その結果、もともと特に低いH因子・低いE因子でない男性でも、地位駆動型リスクテイキングが促進されるのである。

富や地位を追求するために、H因子とE因子が低い人たちは自分自身を危険にさらすことをいとわず、また、他の人を危険にさらすことも気にしない。率直に言えば、低いH因子・低いE因子の人たちは冷たく、冷淡である。彼ら／彼女らは同情や哀れみの気持ちをあまり感じない。彼ら／彼女らは単に他人の苦しみに心が動かされることがなく、本当に困っている人を助けることに興味がないのである。同様に、低いH因子・低いE因子の人たちは、自分の目的を追求するために他人を傷つけてはいけない理由がわからない。彼ら／彼女らが目標を達成するためにあなたを踏みつけにしなければならないのなら、これはとても難しいことなのだが、あなたはそれを受け入れるしかないのだ。見ての通り、H因子とE因子の低い人たちはあまりいい人ではない。これらの因子に加えてA因子も低い人たちは、あらゆる側面で嫌な人物の特徴をかなり兼ね備えている。

低いH因子・高いE因子：責任逃れと泣き言吐き

正直さ―謙虚さ（H因子）と情動性（E因子）の両方が低い人たちに比べれば、H因子が低くE因子が高い人たちはそれほど危険ではない。彼ら／彼女らは低いH因子・低いE因子の人たちに比べて恐がりであるため、地位駆動型リスクテイキングをあまりしない。また、彼ら／彼女らは過敏なため、通常、人に対してそれほど厳しい態度で接することはない。

しかしそれでも、低いH因子と高いE因子の組み合わせは問題を引き起こす可能性がある。低いH因子・高いE因子の人たちは他人を利用しようとするが、対立やその他の危害を受けるリスクを避けるために、さりげなく、卑劣な方法をとる。低いH因子・低いE因子の人なら実際に戦う危険を冒すところで、低いH因子・高いE因子の人はこそこそ逃げようとするだろう。低いH因子・高いE因子の人の行動を見ていると、「責任逃れ」、「卑怯者」という言葉が浮かんでくる。H因子が低くE因子が高いという組み合わせは、ある意味、一般的なヒーロー像と正反対である。一般的なアクション映画では、善人（通常は警察官や諜報員）は常に強靭で勇敢な存在である。そしてさらに、H因子が高く、E因子が低いことは特に繊細な心を持っていることを示しているのではなく、彼は（実際、いつも「彼」だが）、正義感が強く、清廉潔白な人物なのである。

低いH因子と高いE因子を併せ持つ人たちは自分自身の弱さ（もしくは、少なくとも大げさな自分の弱さ）を、自分が得る以上のさまざまな恩恵を得る手段として使うだろう。大学生が病気やその他の問題を大げさにして試験時間の延長やレポートの締め切りの延長を要求することを考えてみよう。はたまた、配偶者が待っていてくれたり贈り物をされたりするのを期待することを考えてみよう。低いH因子と高いE因子の組み合わせはあまり怖くはないが、責任逃れをしたり泣き言を言ったりするので、きっと迷惑な存在になるだろう。

コラム 6

コンキスタドール[*3]と恋愛詐欺師について

歴史上最も有名な、あるいは最も悪名高い人物の多くは、低いH因子と低いE因子を併せ持っていた。最も良い例としては、16世紀スペインのコンキスタドールたちが挙げられる。その中でもフランシスコ、ゴンザロ、ファン、エルナンドのピサロ兄弟は強靭で強欲な男たちであった。1532年、この四人の兄弟はフランシスコを筆頭にインカ帝国の征服に参加した。この参加は、純粋に欲に駆られたものであった。この兄弟たちは、アステカ帝国を征服してその富を略奪したエルナン・コルテス（この兄弟たちのはとこ）の功績を、自らの手で繰り返そうとしたのだった。ピサロたちの作戦は非常に危険であった。というのも、200人足らずの軍隊で何万人もの戦士を擁する帝国に侵攻したのだ。しかし、騎馬や鋼鉄の武器、先住民の間で同時に発生した天然痘などいくらかのアドバンテージがあったため、スペイン人は頻繁に策略と奇襲を織り交ぜながらインカ人を打ち負かすことができた。そして、ピサロ兄弟とその仲間たちは、インカ帝国を略奪し、莫大な金銀を奪い取ったのである。彼らは征服した地域を残忍な専制君主として支配し、強姦と略奪を繰り返した。しかしその残酷さは反乱を引き起こし、ファンは殺された。またフランシスコは、かつてのパートナーであるディエゴ・デ・アルマグロを裏切り、後にアルマグロの息子に殺された。彼らの強欲さはそれでもなお富を求め、ゴンザロは伝説の黄金都市（実在しないが）「エル・ドラド」を見つけるために危険極まりないアマゾンの探検を敢行した。その結果、ほとんどの部下が死ぬか脱走したが、ゴンザロは生き残った。その後、スペイン国王のペルー総督が先住民に対する搾取を防ぐ目的で新しい法律を施行すると、ゴンザロは反乱を起こし、その後処刑された。エルナンドだけが老齢まで生き延びたが、彼はスペインで20年間幽閉されることになった。

コンキスタドールたち、特にピサロたちは、概してH因子（強欲さ、欺瞞性）とE因子（大胆さ、強靭さ）の両方の極端な低さを示していた。ピサロたちをはじめとするコンキスタドールたちは、（かなり極端ではあるが）低いH因子・低いE因子の組み合わせの良い例だったのである。他の多くの偉人でもこの組み合わせは示されてきた。というのも、低いH因子の搾取性と、低いE因子の強靭さを併せ持つ人は、長く生き残れば大きな騒乱を引き起こす可能性がある。その一方で、低いH因子と高いE因子を併せ持つ人たちはよりリスクを回避しようとし、あまり冷淡ではない。そのため、自己中心的な動機に基づいて行動するにもかかわらず、有名になる可能性はかなり低いのである。

それでも、低いH因子・高いE因子の人に特にふさわしい、注目を集める華々しい搾取方法は本当にないのだろうかと疑わしく思うかもしれない。一見してもっともらしいと思われるのは、いわゆる恋愛詐欺である。この詐欺師は女性で、老人に近づき、親しくなり、やがて恋するふりをする。彼女が被害者に語るストーリーは陳腐なものである。例えば、彼女はシングルマザーで、悲惨な人生を送っており、借金もたくさんあるので、子どもたち（その子どもたちは重病の場合もある）を養うために経済的な援助が必要なのだ、と言う。うまくいけば彼女は被害者が無一文になるまで奪っていく。このような騙しのパターンは、この犯罪が高いE因子の依存性と脆弱性を持ち、かつ低いH因子も併せ持つような女性にあてはまることを示唆しているように思われるだろう。

しかしながら、この手の恋愛詐欺師のE因子が高いかというとそうでもないかもしれない。この手の詐欺師は、弱者や依存者を装って欲しいものを手に入れるが、実際には非常に強靭なのである。お金が無くなると冷淡になるだけでなく、詐欺で刑務所行きになるリスクを進んで引き受ける大胆不敵さもある。低いH因子·高いE因子の人は、捕まることを恐れ、被害者から感情的に離れていることさえ難しいと思われる。このような人は、落とした財布の中の現金をネコババする、仕事を休むために病状を大げさに言う、嫌いな人の噂をこっそり流すなど、より低水準でリスクの低い反社会的行為しか行わない傾向がある。低いH因子・高いE因子の人が恋愛詐欺のような大胆で冷たいことをする可能性は、上述のリスクの低い反社会的行為に比べてもはるかに低いのである。

低いH因子・高いX因子：自己愛の暴走

正直さ—謙虚さ（H因子）が低く外向性（X因子）が高い人たちは、あなたが注目してしまうような人たちである。そして彼ら／彼女らにとっては、それがまさにそうあるべき姿なのである。すなわち、低いH因子と高いX因子の人たちはナルシシストである。彼ら／彼女らは自分の偉大さに畏敬の念を抱き、あなたもそうあるべきだと考えているのである。

低いH因子・高いX因子の人たちは、自分を生まれながらのリーダーだと考えており、それはある意味ではとても正しい。X因子が高いということは、初対面の人と打ち解けることができ、大人数の場でも自信を持って発言できることを意味する。このような人たちにとって注目されることは疲れることではなく、爽快なことなのである。しかし、彼ら／彼女らのH因子が低いということは、他人を支配することを熱望しているということである。つまり、彼ら／彼女らは権力を渇望し、あたかも神から与えられた権利であるかのように権力を得ることが当然であると感じている。彼ら／彼女らは高い地位を得るために他人を操り、いったん手に入れた地位を、経済的、性的、あるいはその他の面で個人的な利益のために利用する。低いH因子・高いX因子の人たちは他人を支配するのが好きで、彼ら／彼女らにとってはアルファ・オス、アルファ・メスになることがすべてなのである。

こういう人々をからかうのは簡単で、実際私たちはそうすることを好ましくも思っている。しかし、低いH因子・高いX因子の組み合わせは、それでもやはり厄介なものであるため、真剣に取り組む必要がある。低いH因子・高いX因子の人たちは、彼ら／彼女らに憧れるフォロワーが集まってくるような魅力とカリスマ性を持っている（そしてこの魅力は、たまたま彼らが持っている他の資産、例えば美貌、運動能力、知性、あるいは高い経験への開放性（O因子）や高い誠実性（C因子）のようなパーソナリティ特性によってしか増強されない）。彼らは大胆な行動力と狡猾さを併せ持つため、政治的な駆け引きに長けており、権力の座につくことも少なくない。

しかしもうお気づきの通り、誰もが低いH因子・高いX因子の人物のリーダーシップに夢中になる（またはなり続ける）わけではない。H因子が低く、X因子が高いリーダーはたゆまぬ自己顕示欲と自己喧伝欲があり、自分の指導下にある人たちや組織の幸福に対して心の底から関心がない。それを見て憤慨する人もいるくらいだ。低いH因子・高いX因子のリーダーがあまりにも多くのルールを破り、あまりにも多くの人たちを排除した場合、その非情なすべての魅力をもってしても必ず相当な急落を招くだろう。

低いH因子・高いX因子の人の自己愛は、リーダーシップだけの問題ではない。高いX因子と低いH因子の組み合わせは自分自身を誇示するための完璧な方程式である。もし誰かがそれを手に入れたのなら、自分自身を誇示することは間違いないだろう。彼らは、自分の優れた地位や、それに伴う優れた才能や成果をほのめかすような話をあなたに聞かせたがるのだ（もし彼らが話のうまい人なら特に不愉快にもならないかもしれないし、楽しませてくれるかもしれない）。しかも、彼らは自分の偉大さを示す物的証拠を見せて、自分の地位や功績を象徴するどんなものを使ってでも注意を引きつけようとするのである。

低いH因子・高いX因子の人たちには慎み深さがないのだが、それは一般的な意味での自慢や虚栄だけを言っているのではない。彼ら／彼女らは、性的挑発や性的誘惑というより具体的な意味でも同様に慎み深さがないのである。*4 低いH因子・高いX因子の人たちは話すときに他の人よりも性的な表現を使う可能能性が高い。彼らは意味ありげな身振り手振りを使い、露出度の高い服を着ることがある。これらの行動は低いH因子・高いX因子の人たちが年をとるにつれて少なくなるが、おそらく、彼ら／彼女らが本当にそれをやめるべき年齢を超えるまでは少なくならないだろう。

なぜ、H因子が低く、X因子が高いとこのような自己顕示的な行動スタイルになるのだろうか？　まず、高いX因子の部分について考えてみよう。X因子が高い人たちは、一般に社会的な自信があり、自分を身体的に魅力的だと考えている[*5]（3章で述べたように、高いX因子の人たちは低いX因子の人たちよりも平均的に魅力的だと他者からみられているので、この見方は少なくともある程度正当化できる）。また、高いX因子の人たちは平均して性欲がかなり強いので、露骨な性行動のスタイルがむしろ自然なのである[*6]。ここで、低いH因子の部分について考えてみよう。平均してH因子が低い人たちは実際には性欲が高くなく、特に他の人からも魅力的に思われていない。しかし、低いH因子の人たちは他人を操るのが好きで自分の欲しいものを手に入れるためなら身体的、社会的魅力を喜んで利用する。そして、性的関係において彼ら／彼女らが望むものには異なる二つの意味がある。ある低いH因子の人たち（主に男性）にとっては、性行為そのものが究極の目的であり、彼ら／彼女らの露骨な性的行動のスタイルは性行為のための自己喧伝の一形態である。また、他の低いH因子の人たち（主に女性）には富や地位のような別の目的があり、彼ら／彼女らの露骨な性的行動のスタイル、もしくは婉曲的な偽りの性的関係の誘いは、彼ら／彼女らが望み、明らかに彼ら／彼女らが得るにふさわしい（と、少なくとも彼ら／彼女ら自身の心の中では考えている）富や地位を得るための手段なのである[*7]。

低いH因子・低いX因子：いやに気取った静かなタイプ

正直さ—謙虚さ（H因子）の低さと外向性（X因子）の低さが組み合わさると、それによる影響はひどく悪いものではないが、それでもやはり好ましいものではない。H因子とX因子の両方が低い人は高い地位にあることが当然のものと感じており、他人を利用することに抵抗がない。しかし、低いH因子・低いX因子の人たちは低いH因子・高いX因子の人たちとは異なり、カリスマ性に欠けるため、人を魅了したりいじめたりすることによってはリーダーとしての地位を獲得することができない。また、低いH因子・低いX因子の人たちは、他人からの尊敬や賞賛という意味では高い地位を求めるが、実はリーダーになることにあまり喜びを感じない。そうではなく、彼らの理想は高い塀に囲まれた大邸宅で私的に楽しみ、巨万の富と贅沢な生活を送ることである。

このように言うと低いH因子・低いX因子の人たちは見栄っ張りの気取り屋のように聞こえるが、彼らはまさに気取り屋なのである。高いH因子・低いX因子の人が高慢な人物だと誤解されることがあるが、それは、その人がかなりよそよそしく、人づきあいにあまり興味がないからである（典型的な架空の事例については、コラム⑦を参照）。しかしX因子の低い人たちがH因子も低い場合は、高慢であるという認識は正確である。低いH因子・低いX因子の人たちは単に一人でいるのが好きというだけでなく、一部の地位の高いVIPを除けば、他人には自分自身が関心を向ける価値がないと思っているのである。

また、全体としては、低いH因子・低いX因子の人は低いH因子・高いX因子の人よりも問題を起こす可能性がおそらく低いだろう。しかし、これはX因子が低いこと自体が良いことでありX因子が高いこと

コラム 7

高慢と偏見、そしてパーソナリティ

19世紀初頭のイギリスの田舎町を舞台にしたジェーン・オースティンの『高慢と偏見』は英文学の中で最も人気のある小説の一つである。物語のヒロイン、エリザベス・ベネットは、やがて裕福でハンサムなダーシー氏と恋に落ちるが、出会ってから恋に落ちる間に彼のパーソナリティに対する彼女の認識は大きく変遷していった。

エリザベスが舞踏会ではじめて上流階級のダーシー氏と出会ったとき、彼は飄々として愛想がなく、エリザベスや彼女の親族を含む周囲のほとんどの人を軽蔑しているように見えた。しかし、何度か会ううちにダーシー氏はエリザベスの活発で自由な考え方に魅了されるようになる（HEXACOモデルで言えば、彼女はX因子もO因子もどちらかというと高めである）。ダーシー氏はエリザベスに結婚を申し込むが、拒否され、率直に嫌いなところを言われてショックを受ける。基本的にエリザベスは、ダーシー氏をX因子、A因子、H因子の低いタイプの男だと思っていたのである（X因子とA因子に関しては、エリザベスは正しいかもしれない。ダーシー氏は明らかに外向的でなく、明るくもなく、彼自身が認めているように怒りっぽく、批判的で、寛容ではない）。その後ダーシー氏は自分が他人からどのように見られているかを自覚し、自己反省に乗り出すのである。

エリザベスのダーシー氏に対する見立てはウィッカム氏という人物からも影響を受けたものであり、ウィッカム氏の気さくな感じは高いX因子・高いH因子の人物という印象を与えるようなものであった。他方でウィッカム氏はダーシー氏の誠実さに疑いの目を向けるような噂を流しており、それがエリザベスのダーシー氏に対する「偏見」を固める一因となっていたのである。しかし、ダーシー氏の求婚を断った後、エリザベスは誠実さに欠けるのはウィッカム氏のほうであることを知る。ウィッカム氏はずる賢く他人を操るような人物であり、H因子が非常に低いのであった。

またその一方で、エリザベスは、ダーシー氏のパーソナリティが自分の信じていたものといろいろな面で大きく

異なることを知る。ダーシー氏は一見傲慢に見えるが実は貧しい人たちに寛大で、使用人に対しても公正なことで知られており、実は過剰な「高慢さ」を持っていなかったのである。結局、ダーシー氏はH因子が高いのであった。

そんな中、ウィッカム氏がエリザベスの妹リディアと駆け落ちしたことが判明し、エリザベスは愕然とする。彼女の行動は、一家全体の社会的地位を致命的に損ないかねないものだったのである。ダーシー氏はこの愚かな行為をしたリディアを救うために介入するが、それはエリザベスの好意を得るためではなかったため、自分の行動をエリザベスに秘密にしておこうとした。そしてダーシー氏が妹を救った経緯を偶然にも知ったエリザベスは、彼を拒絶したことが誤りであったことを完全に理解するのである。

ダーシー氏はエリザベスの愛情を勝ち得ることをあきらめていたが、後に、エリザベスへの想いは変わらず、結婚を望んでいることを告げる。彼女は、今は自分も彼に同じ気持ちを抱いていると告げ、喜んで彼のプロポーズを受け入れるのである。後の会話で、エリザベスとダーシー氏は、ダーシー氏がはじめてエリザベスに恋をした経緯について話している。ダーシー氏は社会的地位の高さゆえに多くの人が自分に見せるお世辞や敬意を軽蔑しており、エリザベスの「失礼さ」や「元気さ」に魅了されていた。エリザベス自身については、物語を通しての彼女の思考や行動から、非常に高い水準のH因子がうかがえる。ある時は姉のジェーンに、ダーシー氏の屋敷を見てはじめて愛情を自覚したと冗談を言うが、実はエリザベスは彼の富と地位について以前からずっと知っていたのである。しかし、エリザベスの批判する姿勢は、彼女がそれほど高いA因子を持っていなかったことを示唆している。この点でエリザベスはジェーンとは異なっており、ジェーンはその並外れた忍耐力と寛容さによって時にエリザベスを苛立たせるのである。

エリザベスがダーシー氏のH因子の水準について最初に誤った認識をしたことは、より一般的な問題を提起している。それは、はたしてどれほどある人のことを知っていればその人のパーソナリティを見抜くことができるのだろうか？という問いである。この問題については5章で詳しく説明する。

自体は悪いことである、ということではない。むしろ、X因子が高いと、H因子が高くても低くてもその人のH因子の影響を増幅する傾向がある。H因子が低い人は、高いX因子の社会的な自信やカリスマ性によって本当に危険な存在になる可能性がある。しかしH因子が高い人の場合、同じX因子の高さを示す特徴でも、純粋な親しみやすさ、控えめなセクシーさ、謙虚なリーダーシップ、というように大きく違って見えてくる。低いH因子・高いX因子の人たちは憎たらしい人たちであり、高いH因子・高いX因子の人たちは愛らしい人たちなのである。

低いH因子・低いA因子：ただ普通に嫌な人

正直さ–謙虚さ（H因子）と協調性（A因子）が低い人たちはとてもつきあいにくい。しかもその一方で、彼ら／彼女らはあなたを操り、搾取しようとする傾向にある。またその一方では、彼ら／彼女らは、あなたに利用されることに（あるいは本当に利用されていなくても彼ら／彼女らが利用されていると思い込んだときには）必ず腹を立てるのである。

さて、H因子に関わる特性にはA因子と関連しないものがある。例えば、ある人が誠実であるかどうか、つまり自分の欲しいものを得るために偽りの恩を着せたりお世辞を使ったりしないかどうかを知っても、その人は情緒が安定しているのか辛抱強いのか、あるいはその人が頑固なのか柔軟なのかについても基本的に何もわからない。

他方で、H因子に関わる特性の中にはA因子と関連するものもある。例えば、謙虚さ（強い優越感や特権意識を持たないこと）は主にH因子に関連するが、A因子にも多少関連する。逆に「優しさ」（他人を厳しく評価せず、寛大な気持ちで接すること）は主にA因子に関連するが、H因子にも多少関連する。その結果「謙虚さ」と「やさしさ」は、主としては異なる要素を表しながらも互いにある程度の相関を示すのである。

つまり、低いH因子と低いA因子の組み合わせは、多くの見慣れたパーソナリティ特性それ自身の内に現れるということである。その特性の一つが攻撃性であり、低いH因子・低いA因子の人たちはいつもけんかをしてしまうのだ。彼ら／彼女らの攻撃態勢は、その防衛態勢に匹敵するほどである。他人からすると、彼ら／彼女らは自分自身なら決して許容しないような仕方で常に他人を搾取する、ひどく言行不一致な人物にみえる。ある意味ではそのけんかっ早い特徴が有利に働くこともある。すなわち、H因子が低いことで常に他人を最大限利用しようとし、A因子が低いことで常に他人から最小限利用されないように阻止する態勢ができているのである。しかし、低いH因子・低いA因子の人の自己中心性や論争しようとする傾向はすぐに他人を遠ざけ、友人や仲間を簡単に失ってしまう。このように低いH因子・低いA因子の人は、ずっと対立するよりも協力することで結局はより良い利益が得られるはずなのに、他人に協力する機会を逸してしまうのである。

上記のような言行不一致な自己中心性に加え、低いH因子と低いA因子の組み合わせは他のいくつかの嫌な特性にも現れている。その一つが執念深さ・復讐心である。低いH因子・低いA因子の人たちはキレやすく、仕返しをする傾向にある。もはや低いA因子だけ（つまり低いH因子がない）でも他人を許したくないという気持ちと関連するのだ。実際、「許して忘れる」というメンタリティを持つことは高いA因子の中核的な特徴の一つであり、低いA因子の人たちは自分を怒らせた相手と仲直りするまでにかなりの時間がかかる。しかし低いA因子と低いH因子が組み合わさると、単に「一度噛まれると、二度目は臆病になる」というどころではすまされない事態が生じる。低いH因子・低いA因子の人たちは不満を抱くと復讐をしたくなり、復讐の機会があればそれを実行に移すのである。*8

低いH因子・低いA因子の人たちの執念深さの理由の一つは、低いH因子が怒る機会を拡大させることである。ここで、低いH因子の人たちは自分が特別な扱いを受ける権利があると考え、低いA因子の人は不当な扱いを受けることに不寛容であることを思い出してみよう。なるほど、低いH因子・低いA因子の人たちは、実際にひどい扱いを受けると激怒するのである。というのも、自分が受けた扱いの（実際の）不公平さは、特別な敬意と配慮を持って扱われるはずだという自分の期待によって拡大されるからである。そしてもちろん、低いH因子と低いA因子を併せ持つ人は（表面上だとしても）被害を受けたときにはその相手から見返りを得るための計算された策略として、大げさに怒ったり、すぐさま騙そうとしたりすることもいとわないだろう。

低いH因子・低いA因子の人たちは、復讐の衝動をいかなる倫理的抑制によっても抑えられそうにない。高いH因子の人たちは、非常に悪いことをした人であってもその人を傷つけるという考えに少なくともいくらかの不快な気持ちを覚える。それに対して、低いH因子の人たちは傷つけることに道徳的な良心の痛みを感じない。この復讐心は低いH因子・低いA因子の人がE因子も低いとさらに強くなる。E因子の低さは、対立が激しくなることに対する恐れが少なく、悪いことをした人に対する共感や同情も少ないことを意味する。

低いH因子・低いA因子のパーソナリティのもう一つの特徴はシニシズムである。H因子とA因子の両方が低い人たちは世界を敵対的な場所とみなし、自分を利用しようとする人たちがおおぜいいると考える傾向にある。低いH因子・低いA因子の人にとっては、「やられる前にやる」というように先手を打つほうがより良いことなのだ。このようなシニシズムはH因子とA因子の両方の要素によってもたらされる。低いA因子の人たちは、他人から侮辱されたり搾取されたりすることに敏感で、人を悪意あるものとして見る傾向にある。またH因子の低い人たちは、自分自身が他人を利用しようとしており、他人も同じように自己中心的で欲深い動機で動いていると思い込む傾向にある。実際、彼らは明らかに誠実そうな人を偽善者とみなすか、あるいは、世間知らずの愚か者とみなす傾向がある。

低いH因子・高いA因子：怒らないが不誠実

ほとんどの場合、正直さ–謙虚さ（H因子）が低く協調性（A因子）が高い組み合わせは、低いH因子・低いA因子の組み合わせよりも害が少ない。それでもやはり、H因子が低くA因子が高い人たちはナンバーワンを目指す強欲で卑屈な人たちである。しかし、彼らはずっと情緒が安定していておおらかであるため、一緒にいるのはとても楽である。低いH因子・高いA因子の人が何をしでかすかには注意を払いたいところではあるが、そのような人からあからさまな敵意を向けられることはあまりないだろう。

低いH因子・高いA因子の人と、低いH因子・低いA因子の人とでは、他人とのつきあい方が異なっている。まず一つ挙げられるのは、低いH因子・高いA因子の人たちは物事をそんなに自分ごととして考え

コラム8 1960年代、1970年代のアメリカ合衆国大統領のパーソナリティ

スティーブン・J・ルーベンザーとトーマス・R・ファッシングバウアーは、著書『ホワイトハウスにおける個性、リーダーシップ、パーソナリティ（*Character, Leadership, and Personality in the White House*）』の中で、ワシントンからブッシュまでのアメリカ大統領のパーソナリティを検討している。[*9] 彼らは一人もしくは複数の大統領に精通した100人以上の伝記作家、ジャーナリスト、学者に連絡を取り、過去の大統領のパーソナリティを評価するように依頼した。このプロジェクトで使用された質問紙は、HEXACO因子ではなく、ビッグ・ファイブ因子（2章参照）を測定するために構成されたものであった。しかしこの緻密に構成された質問紙には、歴代大統領のHEXACOの性格次元の水準について、ある程度合理的な推定を可能にする下位尺度がいくつか含まれていたのであった。[*10]

専門家たちに依頼して実施されたこのルーベンザーとファッシングバウアーによる調査で得られた結果には興味深いものが多い。特に、1960年代と1970年代の大統領には、明確な違いがみられる。全体として、これらの大統領はH因子とA因子の組み合わせに特徴があり、また、他のいくつかの因子でも異なっている。以下、ルーベンザーとファッシングバウアーの調査結果をもとに、いくつかのポイントをまとめてみよう。

ジョン・F・ケネディは、H因子はやや低いがA因子は高く、人を操り、欺くことに長けていた。下院議員時代には大金を使い、しばしばスタッフからお金を借りて返済しないこともあった。歴史家のポール・ジョンソンによれば、ケネディはいくつか学術的な著作物を出版することによって思想家としての評判を高めていたが、それらは実際には他人がケネディのためにゴーストライターを務めたものであった。[*11] しかし、H因子が低くても、ケネディのA因子は低くはなかった。専門家たちは、ケネディは自己防衛的でも、人の欠点を見つけがちでも、厳しくも、執念深くもないことを指摘している。

リンドン・ジョンソンはH因子とA因子の両方が非常に低い大統領であった。若い頃は権力者に媚びへつらい、公職に就いてもお世辞を言ったり、真っ赤な嘘をついたりして人に影響を与えることを続けてきた。ジョンソンは、自分が他人より優れていると考え、特に自分の外見に虚栄心を抱いていたのであった。元高校教師のジョンソンは、その教え子を何人か雇ってワシントンで働かせた。そして、その教え子の給料の大部分を自分のものにしたのであった。このようなさまざまな低いH因子の特徴に加え、ジョンソンは低いA因子の特徴も有していた。粗野で下品であったし、気性が激しく、部下を罵倒することもしばしばであった。さらに言えば非常に批判的で、他人の欠点をあげつらう上司でありながら、自分の欠点に対して非常に自己防衛的で、自分を怒らせた者に対しては容赦がなかった。

リチャード・ニクソンはジョンソンに匹敵する、極めて低いH因子・A因子の大統領であった。ニクソンは政界で生涯を通じて不正な行動をとり続け、特にウォーターゲート事件では、政敵の違法な盗聴を手配し、それを隠蔽しようとしたことで大問題になった。1952年、アイゼンハワーはニクソンを副大統領候補に選んだが、ニクソンが政治的支援者から献金を受けていた疑惑もあり、アイゼンハワーはニクソンに不信感を抱いていた。それ以前から、ニクソンはトリッキーディックと呼ばれるほど策略と裏切りを繰り返していたのである。そして、ニクソンの欺瞞性は、その敵意性と相性がよかった。ホワイトハウスのテープ（ニクソンは大統領執務室に盗聴器を仕掛けられていた）で明らかになったように、彼は他人を深く疑い、許すことがなく、恨み辛みでいっぱいであった。彼は、現実の敵も、そう認識されただけの敵も、その多くに執着し、かの有名なニクソンの政敵リストに載せていた。

ジェラルド・フォードはH因子とA因子の両方で比較的高い値を示した。フォードはその誠実さと謙虚さで、政治的な賛同者はもちろん、反対者からも尊敬されていた。下院での対立候補の一人であったマーサ・グリフィスは、彼女が下院にいた間、フォードが部分的にでも虚偽の供述をしたのを聞いたことがないと言っている。フォードは気取らない人柄で、スタッフにも敬意を払っていた。ある時は、飼い犬がカーペットを汚してしまったとき、スタッフに任せず、自分で掃除しようとした。またA因子も高く、敵意や恨みをあまり感じない温厚な人物としても知られている。

ジミー・カーターはH因子が比較的高いが、A因子はやや低く、フォードと同様に倫理的な大統領として知られている。彼は、他人を操ることや真実を誇張することを嫌うような高い倫理観を持っており、謙虚で控えめな人物とみなされていたA因子については、カーターはやや低めだったと思われる。ある伝記作家はカーターの「有名な短気」について繰り返し言及し、カーターが怒りに満ちた反応をしたいくつかの場面を取り上げている。*[12]

ルーベンザーとファッシングバウアーが報告した結果は、これらの大統領が他のいくつかの因子でも異なっていることを示唆している。例えば、ケネディとカーターはともにO因子が高いが、ジョンソン、ニクソン、フォードは低い。また、ニクソンはX因子が非常に低いが、ケネディ、ジョンソン、フォードは非常に高く、カーターはその中間に位置する。ケネディはこのグループの他の大統領に比べC因子が低い。しかし、このような違いの中で最も顕著なのはH因子とA因子の要素における歴代大統領の違いであろう。

ていないということである。このような人たちは不当な扱いを受けても復讐心に駆られることなく、自分にとって有利になるならばそれを水に流す。この「許して忘れる」という姿勢は、自身の策略を円滑に進めることにつながる。パーマストン卿の言葉を借りれば、彼らには永遠の敵はなく、永遠の利益があるだけなのだ（もちろん、特にE因子とX因子が低い場合は永久に友だちもいないかもしれないが、本人たちからすればそれでいいのである）。低いH因子・高いA因子の人は他人を利用することをいとわないが、自分を利用する人に対しては特にすぐに反抗することはない。それはまるで将来の協力、そして搾取のために選択肢を広げておくかのようである。

低いH因子・高いA因子のもう一つの特徴として、人の行動を左右させるための策略として恩を売る傾向にあることが挙げられる。低いH因子・低いA因子の人も確かに恩を売ることはできるが、低いH因子と高いA因子を併せ持つ人はより簡単に恩を売ることができる。A因子が高いと、嫌な相手にも我慢ができ、礼儀正しく接することができる。つまり高いA因子の人たちは、鼻をつまんだり口をつぐんだりすることが得意なのである。そしてもちろん、H因子が低いと私利私欲のために人を騙すことができる。低いH因子の人たちは嘘をつくことを気にしないのである。このため、もしあなたが低いH因子・高いA因子の人が欲しがるものを持っているなら、お世辞や偽りの好意を言われる側になるだろう。

低いH因子・低いC因子：雇用主にとって最悪の事態

正直さ―謙虚さ（H因子）が低く、誠実性（C因子）が低い人たちは、人から最も雇いたくないと思われる人材である。雇用主を対象とした調査では、労働者に最も望まれる特性は信頼性、信用性、責任感であることが示されている。これらの特性は高いH因子と高いC因子とが組み合わさった特性であるため、H因子とC因子の二つの次元が低い労働者は上司が望むものとはまったく正反対の人材となる。このような労働者は、ずぼらで怠け者の傾向があるだけでなく、労働倫理もなく、公正な日当のために公正に仕事をするという道徳的義務感もない。また、仕事に遅刻しても、完全にサボっても、彼らに良心の呵責はない。

そのうえ、仕事量が少なくても、仕事が粗雑でも、彼らの良心は痛まない。たとえもし、雇用主や同僚によくしてもらったとしても、それに対する責任感や忠誠心はあまりないだろう。そして、これは単に信頼の置けない労働者であるということにとどまらない。低いH因子・低いC因子の労働者は職場から金品を盗む可能性が最も高いのである。*[13]

低いH因子・低いC因子の人の犯罪傾向は職場に限ったことではない。低いH因子の搾取性と低いC因子の衝動性の両方を併せ持つ人は犯罪行為全般に関わる可能性が二重に高まる。というのも、一方では武力であれ詐欺であれ、彼らは他人から欲しいものを奪おうとすることに強く惹かれており、ナンバーワンを目指している。そしてもう一方では、自己中心的な観点からしても衝動を抑えたほうがいいにもかかわらず、それを抑制する自制心がないのである。

法医学者が「サイコパシー」と呼ぶ、反省することなく非道徳的・反社会的行為を繰り返す傾向性はこの低いH因子と低いC因子の組み合わせに大きく起因している。この分野の研究者は、サイコパシーのそれぞれ互いに関連する四つの側面を見いだしている。(1)他人を操作する「詐欺師」的な交流スタイル、(2)不規則で制御不能、衝動的なライフスタイル、(3)他人に対する冷淡さ、(4)慢性的で多様な犯罪行為のパターン。*[14]これらの傾向はそれぞれH因子とC因子の低さ、そしてE因子の低さに関連している。すなわち、操作性は主に低いH因子、「不規則な」衝動性は主に低いC因子、冷淡さは主に低いE因子、反社会的行動(これはそれ自体がパーソナリティ特性であるというよりも、パーソナリティ特性の結果である)は三つすべてと関連している。*[15]

社会学者の中にはパーソナリティ特性を考慮した「犯罪の一般理論」で犯罪傾向を説明しようとする者

もいる。[16]しかしこの理論は低いC因子に規定される特性に焦点を当てるばかりで、低いH因子に規定される特性の役割をすべて省いているため、話の半分しか捉えていない。この理論によれば、人は皆、同じくらい他人を利用したくなるものであり、ただその自己中心的な衝動を抑制する自制心がない人がいるだけである。しかし、間違いなく、他人を利用しようとする傾向には大きな違いがあるのだ。つまり、H因子は実際に存在し、犯罪性を理解する上で極めて重要なのである。[17]

また、低いH因子と低いC因子を併せ持つ人たちは、罪を犯さなくても他人を傷つけることがある。低いH因子・低いC因子の人たちは各因子によって浮気をする可能性が二重に高まる。すなわち、低いH因子の人はパートナーに性的に誠実でなければならないという道徳的義務をあまり感じず、低いC因子の人は常識的に考えておかしかったとしても自分の性的衝動をあまりコントロールすることができない。ここでもまた、他のパーソナリティ因子が絡んでくると考えられる。E因子が低いと配偶者への感情移入や共感が弱くなり、この組み合わせはさらに悪化する。[18]

このように、自己中心的で衝動のコントロールができない低いH因子・低いC因子の人たちは性感染症の媒介者となる可能性が高いということでもある。彼らは誰とセックスをするか[19]や安全なセックスについてあまり気を配らず、自分の満足に関心がありすぎてパートナーの健康について心配することもないだろう。

また、低いH因子・低いC因子の人はプロブレム・ギャンブリングの最有力候補である。彼らは大金が手に入るということに魅力を感じ、そのやめどきを見失うのである（しかしやめどきがわかっていたとしても、やめないだろう）。[20]ところで、アルコール依存症やさまざまな薬物への依存と同様に、プロブレム・ギャンブリングはしばしば依存症としても捉えられている。H因子とC因子の両方が低い人は、プロブレム・ギャンブリングのリスクがあるのと同様に薬物乱用の問題のリスクもあるのである。これまで述べてきたようにC因子の低さは自制心の欠如と関連しており、これがH因子の低さと組み合わさると、薬物やアルコールの乱用を道徳的に間違った行為として考えられないのだ（対照的に、高い H因子・低いC因子の人は、周りの人を失望させているという意識から、少なくとも薬物やアルコールへの依存を多少なりとも抑止できるかもしれない）。

低いH因子・高いC因子：自己中心的な野望

ある意味では、高い誠実性（C因子）は低い正直さ―謙虚さ（H因子）の影響を軽減することができる。たしかに、H因子が低くC因子が高い人は根っからの利己主義者ではあるが、衝動をコントロールすることができる。また、長期的な利益を考えることができるために責任を持って行動する傾向にある。さらに、規則や秩序を好むため、他者から搾取することはあっても法律を破ることはあまりしない。

低いH因子・高いC因子の人たちの課題は、秩序ある一定の生活スタイルを維持しながら富と地位への欲求を満たすことである。このような人たちは、自分が有利になるように利用できる法律上の穴を見つけるのが好きなのだ（彼らは税金のごまかしはしたくないが、支払いを免れる抜け道があればそれを素晴らしいと感じる）。低いH因子・高いC因子の人たちにとって、法律に書いてあることで利益を得ることができれば、法の背景にある精神はどうでもいいことなのである。

低いH因子と高いC因子の組み合わせを持つ人は、高い目標に向かって努力することをいとわない。しかし、彼らの達成欲求は個人的な利益や栄光に向けられており、その野心が最終的に他人の善悪のためであるかどうかはあまり気にしていない。その一方で、C因子とH因子の両方が高い人たちは、ただ単純にお金や名声を得るためではなく、倫理的に健全なプロジェクトにのみ力を注ぐのである。

一般に、低いH因子・高いC因子の人たちは低いH因子・低いC因子の人たちよりもはるかに優れた労働者であり、前者は少なくとも職場に姿を現して実際に仕事をする。ただし、やはり目を離さないことは大切である。低いH因子・高いC因子の人たちは出世の階段を駆け上ろうとする野心家であるが、結局は自分のことしか考えていないのだ。自分の関心と組織や職場の人たちの関心とが一致していれば問題はないが、いつかその利害が一致しなくなったとすれば、もはや純粋な忠誠心にとらわれることはない。C因子が高いことは、目標達成や秩序維持という意味での誠実さを意味するが、H因子が低いということは公正さや倫理観という意味での誠実さのなさを意味する。

前述したように、低いH因子・高いC因子の人たちは構造や秩序を重視し、一般にルールの範囲内にとどまる。しかし、極端に低いH因子を持つ高いC因子の人たちは、その特権意識や欺瞞傾向を伴う富と権力への欲求が法律の遵守を後回しにさせるほど強い場合がある。こうした人たちは、横領、脱税、投資詐欺、保険金詐欺、贈収賄などのホワイトカラー犯罪を行う傾向にある。[*21] もし、そのような犯罪を捕まるリスクの低い方法で行うことができるのなら、彼らはそれを利用することも十分に考えられる。彼らにとって特に魅力的なシナリオは、企業や政府などで高い地位に就き、誰にも気づかれないようにしながら繰り返し継続的に不正行為を行うことである。

これらのことは興味深い問題を提起している。すなわち、社会にとってより有害なのはどの種類の犯罪者なのだろうか？　低いH因子・低いC因子の一般的な犯罪者なのだろうか、それとも低いH因子・高いC因子のホワイトカラー犯罪者なのだろうか？　罪を犯す可能性が高い以上、全体として低いH因子・低いC因子の人のほうがより多くの害を及ぼしている可能性がある。しかし犯罪者一人当たりにしてみれば、低いH因子・高いC因子の犯罪者は、低いH因子と低いC因子とが組み合わさった自制心がなく衝動的な犯罪者よりも、おそらくより効果的で成功し、より有害である可能性がある。[*22]

コラム 9

パーソナリティとスタンフォード監獄実験

これまでに説明してきたように、低いH因子・低いC因子の人はよくある犯罪者の典型である。これに対して、低いH因子と高いC因子を併せ持つ人は通常、他人から搾取しようとする気持ちを抑制し、犯罪をはたらく可能性はかなり低くなる。実際、H因子がやや低くても、C因子が非常に低いということでもなければ、おそらく犯罪衝動を十分にコントロールすることができるだろう。しかし、そのような人は、他人を搾取しようとする衝動を抑える必要がないような状況だとどうなるだろうか？

この点については、フィリップ・ジンバルドー（Philip Zimbardo）のスタンフォード監獄実験が有名である。[*23] 1971年に実験に参加した24人は全員、「監獄生活の心理学的研究」のための募集広告を見て参加した大学生であった。実験に選ばれた参加者は全員、事前に反社会的行動の既往がないかどうかが確認された。参加者は、看守と囚人の二つのうちどちらかの役割に無作為に振り分けられ、スタンフォード大学心理学研究所の地下にある模擬刑務所に入れられた。「看守」は笛と警察の使う警棒を渡され、カーキ色の制服を着せられた。「囚人」は足首に鎖をつけられ、下着なしの簡素な作業服に身を包んだ。看守は囚人に対して権力を持ち、囚人に物理的な危害を加えない限り、刑務所内の秩序を維持するために権力を行使することができると教示された。

その後に起こったことは驚くべきことだった。看守たちはすぐに職権乱用をはじめ、囚人たちに厳しく恣意的な処罰を加えた。看守たちは囚人からマットレスを没収し、衛生バケツは空にされず、牢屋は不快極まりないままにされた。また、一部の囚人たちの反抗を罰するために、看守はその一部の囚人たちを裸にし、他の囚人を非常に狭い真っ暗な押入れに閉じ込めた。このような虐待は6日間続いたが、ジンバルドーは被験者にトラウマを与えないためについに実験を中止した。そしてジンバルドーは「善良な」人たち（ここでは、見た目普通の大学生）でも、自分には正当に力を行使する権利があると信じ込まされると、考えられないような「悪い」ことをするようになると結論づけた。ジンバルドーは、私たち一人ひとりがジキルとハイドの両方を持っていて、状況によってどちらのアイデンティティが現れるかが決まるのだということを示唆したのだ。*24

状況的な圧力は実際、行動に強い影響を与えるが、最近の研究の知見ではスタンフォード監獄実験で起こったことを理解する上でパーソナリティが一定の役割を果たすことを示唆している。*25 というのもトーマス・カーナハン（Thomas Carnahan）とサミュエル・マクファーランド（Samuel McFarland）の知見によれば、学生たちが示した極めてひどい行動は、彼らに割り当てられた看守の役割によるものばかりではなかったかもしれないのである。むしろ、監獄研究の広告を見て参加した学生は、そうした行動を抑制ではなく促進する状況に置かれた際に他人を虐待する傾向にあるような、何らかの特性を持っていたのかもしれない。

この可能性を探るため、カーナハンとマクファーランドは、二種類の広告を使って実験参加者を募った。そのうちの一つは、ジンバルドーが使ったものと基本的に同じもので「監獄生活の心理学的研究」と題されたものであった。もう一方は、単に「心理学的研究」と題されたものであった。そしてこの研究者たちは、いくつかのパーソナリティ変数を測定した上で、二つの異なる広告で募集された参加者を比較した。その結果、「監獄」の広告に応募した参加者は、一般的な広告に応募した参加者に比べて、低いH因子と低いA因子に関するパーソナリティ特性の得点が非常に高いことがわかった。これらの結果は、スタンフォード監獄実験に参加した者のH因子とA因子の水準が平均以下であった可能性を示唆しており、ほとんどの参加者がこれらのパーソナリティ特性において平均以上であれば、この実験の衝撃的な結果はそれほど極端ではなかったかもしれない。

しかし、スタンフォード監獄実験の学生たちのH因子とA因子の水準が低かったとしたら、なぜ監獄のシミュレーションに置かれたときだけ暴君のような行動をとりはじめたのだろうか？ それまでは反社会的な行動をとったこともない普通の大学生だったのに、どうしてなのだろうか？ 私たちはその理由として、C因子が関係していると考えている。おそらく、深刻な反社会的行動の経歴を持たないこれらの大学生は、自制心や自己規律といったC因子関連の特性が（少なくとも）特に低いわけではなかったのだろう。通常の状況下、つまり「ルール」が他者への虐待を禁じており、ルールを破った場合の結果が明白なもので、それが自身にとって不快なものである場合、これらの特性はそのような行動を抑制する。しかし、そのルールが変更されたり、適用されなくなったりした状況では、犯罪行動に対するC因子の「ブレーキ」効果はなくなり、H因子が低い人は（H因子とA因子とE因子が低い場合にはもっとひどいことになるが）他人を虐待する可能性が非常に高くなる。

スタンフォード監獄実験は悪意が自制心から「解放」された状況であったが、そのような状況としては他にもいくつかのものが容易に思いつく。戦時中、母国では遵法精神に富む市民であった兵士が行った残虐行為を思い返してみよう。はたまた、権威主義的な政権の役人が反対する市民に対して行った虐待を考えてみよう。他にも、自然災害（あるいはスポーツイベントでさえ）の後に発生する略奪行為を考えてみてほしい。法による規制がなければ、C因子が低いH因子の影響を打ち消すとは限らないのである。

もう一つ、C因子とは関係ないが、低いH因子の人が他人をうまく利用する可能性について触れておこう。IQテストで測定された推論能力の高さ、という伝統的な意味で非常に賢い低いH因子の人は、ビジネス、金融、政治、専門職、学術界など、高い地位に就く可能性が非常に高い。高尚な地位を得た低いH因子の人たちは、特権意識や個人的利益を満たすために他人を利用する衝動に駆られる機会が増える。ウォール街の「クオンツ」たちが、金融の革新によって巨万の富を得た一方でそれと同時に２００８年の米国経済を破綻寸前にまで追いやったことを思い返してみてほしい。

低いH因子・低いO因子：浅はかで考えが狭い

正直さ–謙虚さ（H因子）が低く、経験への開放性（O因子）が低い人を最もよく表す言葉は、「浅はか」である。もしくは「うわべだけ」もいいかもしれない。低いH因子・低いO因子の人たちはお金と地位に関心があり、それ以外にはあまり興味がない。このような人たちにとっては、科学は市場技術の源としてのみ価値があり、自然は原材料と物的財産としてのみ評価され、芸術は投資やトロフィーとしてのみ興味が惹かれるものである。このような人たちにとって、人生の意味や人間のありようについて考えることは、新しいおもちゃを手に入れてそれを見せびらかすことに費やせる時間を浪費することなのである。

大金持ちになった低いH因子・低いO因子の人たちは、その富を誇示するためにあぜんとするほど見苦しい姿を見せることがある。美的感覚や自然との調和といったものにとらわれず、派手に見せびらかしたいという衝動に駆られるのである。このような人たちは、古い木がどれだけ切り倒されようが、周囲のバランスをどれだけ崩そうが、その辺りで一番大きな邸宅を持ちたがるのである。*26

低いH因子・低いO因子の人たちは、主に富と名声に基づいて他人を判断する。このような人たちは、特に高いO因子に関わるような業績を上げている人たちに対して敬意を払わない。例えば、功績を残した科学者や優れた学者に対して「そんなに頭がいいなら、なぜ金持ちにならないのだ」というような態度を取る。また、低いH因子と低いO因子を併せ持つ人たちは、その逆の特徴を持つような、隣人と見栄を張り合わないような人たちに困惑する。小さい車や小さい家を選んだりするような、より一般的に言えばミニマリストのライフスタイルは、彼ら／彼女らにとってはまったくの愚行なのである。

低いH因子と低いO因子の組み合わせは、他人とどのように接するかについての特有の考え方も伴う。低いH因子の人たちは他人を利用する傾向があり、低いO因子の人たちは自分とは異なる背景を持つ人と関わるのが難しいと感じる。低いH因子と低いO因子が組み合わさったような人は、特に、人と違う人、奇妙な人、異質な人を利用しようとする。なるほど、低いH因子・低いO因子の人たちは自分と同じような外見、話し方、考え方をする人を利用することに冷酷すぎるという違和感を覚えるのかもしれない。結局は、コミュニティにはどのように行動するのかについて一定の基準があり、彼ら／彼女らは周りから悪い印象を持たれたくないという思いがあるのだろう。しかし、遠く離れた人たちや、あまりにも違っていて同一視できない人たち、コミュニティの規範に守られていない人たちに対しては遠慮しない。彼ら／彼女らは、部外者には道徳的配慮を適用しないのである。

このような考え方は、低いH因子・低いO因子の人たちが好むビジネスや投資判断に顕著に表れている。彼らにとっては収支決算が最重要なのであり、「倫理的投資」はお人好しや変人のためのものである。彼らからすれば、金儲けのためなら環境や人権などという抽象的なことを気にする必要はないのである。*27 低いH因子・低いO因子の組み合わせは、政治的態度に対してある種の示唆をもたらすのではないかとお気づきになった読者もいるかもしれない。それは実際その通りである。この示唆される事柄については、7章で詳しく説明する。

低いH因子・高いO因子：洗練された気取り屋

正直さ―謙虚さ（H因子）の低さと経験への開放性の高さ（O因子）の組み合わせも非常に嫌な特徴を持つが、それは低いH因子・低いO因子の組み合わせとは大きく異なる。

低いH因子と高いO因子を併せ持つ人はやはり見栄っ張りだが、一般に芸術的なセンスを伴ったかたちでそのようにふるまう。極端な場合、すなわち彼ら／彼女らが十分なお金を持っている場合、美的には印象的であるが道徳的には不快なことが起きる可能性が高い。例えば、ベルサイユ宮殿やタージマハルを思い返してみよう（タージマハルは本来のタージマハルを指しており、アトランティックシティのホテルカジノを指しているわけではない。ただし、後者のほうが低いH因子・低いO因子の例としてふさわしいだろう）。

低いH因子・高いO因子の表出としてよくみられるのが、芸術的あるいは知的に気取った態度である。低いH因子・高いO因子の人たちは、自分がいかに文化的で学識があるかを示すのが大好きなのである。長くて難しい言葉を並べるのが好きで、特にその長くて難しい言葉が今流行っているものであればなおさらである。長くて難しい言葉の羅列で実際に意味が通じるかどうかは、彼ら／彼女らにとってはあまり重要ではない。彼ら／彼女らの使う言葉を解釈すれば、例えば現在も使われているペダゴギーやガバナンスといった言葉を見聞きして使っているのだと言えよう。ポストモダニズムのような知的運動は低いH因子・高いO因子の人たちにとって特別な魅力を持っているのだと考えられる。*28

低いH因子・高いO因子の人たちにとって、芸術は人間のありようを表現するものであるが、自分のオリジナリティを誇示するための手段でもある。彼らは芸術的才能をバッジのように身につけ、しばしばそれを誇示することで自分の優位性を確立する。特に男性アーティストに関しては、その才能は感受性の強い女性を誘惑するための道具として（好みによっては感受性の強い男性を誘惑するための道具として）用いられるのである。

低いH因子・高いO因子の人たちは、攻撃的で人と足並みを揃えようとしない。O因子が高いことは型にはまらない傾向に結実し、H因子の低さは他人への配慮の欠如に結びつく。その結果、このような人たちは社会的な規範を破ることに特別な喜びを感じ、過激であるという評判を得るために従来の道徳に逆らうことになる。特にC因子の低さも関わってくる場合、このような人たちはとても人目につくような自由人として生き、セックスやドラッグの嗜好をオープンに楽しむことを好む。そしてこのような人が映画監督をしたり、本を書いたり、芸術作品を作ったりするとき、その作品はできるだけ攻撃的で卑猥なものになるように計算されていることが多い。低いH因子の人たちは反抗的だが、それは良心のない反抗であり、主に自己満足と、少なくとも一部の人たちの目にはそう映るような刺激的な態度によって得られる地位によって動機づけられているのだ。

以上で低いH因子の人たちの種類を紹介する簡単なフィールドガイドを終了する。次の章では、人はどの程度正確に他者のパーソナリティを判断できるのか、特にH因子に焦点を当てて考えてみたいと思う。

コラム 10

二人のアートコレクターの物語

ヘルマン・ヴィルヘルム・ゲーリングはナチス・ドイツの有力者であった。実際、彼はアドルフ・ヒトラーの後継者に指名されたほどである。1946年、ニュルンベルク裁判で侵略戦争、戦争犯罪、人道に対する罪で有罪判決を受け、死刑を宣告されたが、刑執行前日に自殺した。

ゲーリングはニュルンベルク会議で有罪判決を受けた犯罪で最も悪名高い人物であるが、それ以外にもさまざまに低いH因子の人の典型的な特徴を示している。彼は徹底的に堕落しており、ヒトラーの副官としての権力を利用して自らの富を蓄積した。具体的には、彼はユダヤ人の財産を押収したり、ユダヤ人の財産を自分のものにしようとする人たちから賄賂をもらったりして、自らの富を蓄積していたのである。

他の多くの低いH因子の人たちと同様に、ゲーリングも贅沢な生活を楽しんでいた。32台しか製造されなかったメルセデス540Kを運転し、ベルリン郊外の広大な森林地帯に建てた広々とした狩猟小屋に住んでいた。（2番目の妻である）有名なオペラ歌手と結婚したときも、結婚式は王室の結婚式に劣らず盛大で、付添人としてヒトラーを迎えた。ゲーリングは派手な宝石を身につけ、贅沢な制服やスーツを着て一日に何度も着替えていた。

ゲーリングのいくつかの特徴は、H因子が低く、O因子が高いことを示唆している。第1に、彼は奇抜で派手な服装を好んだ。中世の狩猟服や、ローマのトガのような衣装を彼が着ていたのを覚えている人も多かったことだろう。当時のイタリア外相によれば、ゲーリングの毛皮のコートは「高級娼婦がオペラに着ていくようなもの」だったという。そのファッションセンスは必ずしも周囲からの評価は高くなかったが、明らかに目立っていた。第2に、彼の趣味の幅は広かった。これは本人もよく自慢しており、自らを「最後のルネサンス的教養人」と称した。彼はオペラ好きで、しかもナチス時代以前から美術品の熱心な収集家であった。第二次世界大戦中は占領下のヨーロッパ各地の美術館やユダヤ人のコレクションを計画的に略奪し、当時としては最大の個人美術をコレクションした。また、自分の土地にプライベートギャラリーを作り、略奪した2000点の貴重な絵画で埋め尽くした。ヨーロッパの美術品の宝庫を食い荒らしたことからゲーリングの低いH因子がうかがえるが、自分の個人ギャラリーを作るためにかなりの努力をしたことからは、美術に対する本質的な興味はあったようである。ただし、その芸術的センスは良くなかったようだ。

ゲーリングの自殺の1か月後に生まれたのが、タイコ・インターナショナルの元CEO、デニス・コズロフスキーである。コズロフスキーは、タイコ社を世界的な巨大複合企業に育て上げ、アメリカ経済界の新星となった。しかし、1310万ドルの（後述する）美術品購入に関する消費税の脱税容疑がきっかけとなり、より大きな重罪を伴う起訴に発展し、彼の運はしだいに潰えていった。その後、コズロフスキーはタイコ社の資金を数百万ドル不正に流用した罪で有罪判決を受けた。

ゲーリングと違ってコズロフスキーは戦争犯罪人ではない。しかし、ゲーリングと同様に贅沢な生活を楽しみ、非常に高価な美術品を収集した。コズロフスキーはニューヨークの1800万ドルのマンションに住み、そのマンションを彼自身の値打ちを示すような高級品で埋め尽くしたが、（こう言ってもよいと思うのだが）かなり品のない趣味であった。検察はこのマンションで6千ドルのシャワーカーテンや1万5千ドルの犬型傘立てなどの贅沢品を発見している。コズロフスキーが妻の40歳の誕生日に200万ドルのパーティーを開いたのは有名な話だ。このパーティーにはミケランジェロの『ダビデ像』の氷の彫刻が飾られたが、その彫刻はグラスにウォッカを「放尿」していた。

このマンションには、このような奇天烈なものの他に、ルノワールやモネの絵画など、有名な美術品も飾られていた。しかし、これらの絵画の買い方は、コズロフスキーが高いO因子によって絵画を鑑賞したいがために購入したわけではないことを物語っている。購入の仲介をした美術商の証言によると、コズロフスキーが買いたかったのは「有名なビッグ・ネーム」の描いた作品だった。あるときは、880万ドルのルノワールの作品など4点を1時間以内に購入した。このことから、これらの絵画をシャワーカーテンや犬型傘立て、ウォッカを出すダビデ像などと機能的に大差のない、単なる戦利品として購入したのだと思われても仕方がないだろう。このような購入の仕方は、O因子の水準が高いというより、むしろ低いことを示唆していると考えられる。

ちなみに、これらの例ですべてのアートコレクターのH因子が低いと言っているのだと誤解しないでほしい。アートコレクターの多くは派手な展示には興味がない、非常に倫理的な人たちなのである。

●注

1 Ashton, Lee, Pozzebon, Visser, & Worth (2010). ここで注意すべきは、リスクテイキングの多くは地位駆動型ではなく、経験そのものの感覚によって動機づけられていることである。例えば山登りやダイビングなどのアウトドアでの冒険的な行為について考えてみよう。このような冒険を求めることには、いくつかのパーソナリティ因子が複合的に作用している。すなわち、低いE因子、高いX因子、高いO因子、低いC因子、そしてほんの少しだけ低いH因子である（例えば、De Vries, De Vries, & Feij, 2009; Lee, Ogunfowora, & Ashton, 2005; Weller & Tikir, 2011を参照のこと）。

2 Kruger & Nesse (2004) ; Kruger (2007) ; Daly & Wilson (2001) ; Wilson & Daly (1985) ; Frank & Cook (1995).

3 〈訳注〉5世紀から17世紀にかけてアメリカ大陸を侵略した、スペインの征服者（スペイン語でconquistador）たちのこと。
4 Lee, Ogunfowora, & Ashton (2005).
5 Bourdage, Lee, Ashton, & Perry (2007).
6 Schmitt & Buss (2000).
7 配偶選好の性差については、Buss (1989) を参照のこと。
8 Lee & Ashton (2012).
9 Rubenzer & Faschingbauer (2004).
10 この5因子モデルの質問紙（Costa & McCrae, 1992a）には、HEXACOの協調性（A因子）、正直さ―謙虚さ（H因子）、情動性（E因子）のいくつかの側面を組み込んだ協調性尺度（Ashton & Lee, 2005を参照のこと）、およびHEXACOの情動性（E因子）と低い協調性（A因子）のいくつかの側面を組み込んだ神経症傾向尺度がある。なお、HEXACOの正直さ―謙虚さ、情動性の他の側面はこの質問紙にはあまり含まれていない。
11 Johnson (1998).
12 Godbold (2010).
13 Marcus, Lee, & Ashton (2007).
14 Williams, Paulhus, & Hare (2007)を参照のこと。
15 De Vries, Lee, & Ashton (2008).
16 Gottfredson & Hirschi (1990).
17 私たちの共同研究者であるBernd Marcusは、犯罪の一般理論において中心的な特性である自制心を測定する際の重要な問題について論じている（Marcus, 2004）。
18 Ashton & Lee (2008).
19 Bourdage, Lee, Ashton, & Perry (2007).
20 Twigger (2010) は、プロブレム・ギャンブラーは、H因子とC因子が低く、E因子も低い傾向があることを明らかにした。

21 Blickle, Schlegel, Fassbender, & Klein（2006）.

22 例えば連続殺人犯のような極めて重大な犯罪者は低いH因子、低いC因子、低いE因子、低いA因子を併せ持っている可能性が高い。しかし法医学者たちによれば、連続殺人犯の何人かはとりわけ秩序だった規律正しい人物であるようだ。これらのいわゆる「マッチョマン」な連続殺人犯（このような人たちは軍隊や法執行機関においてうまく機能するようにみえるかもしれない）は、H因子、E因子、A因子は極めて低く、C因子がかなり高いように思われる。

23 Haney, Banks, & Zimbardo（1973）.

24 Zimbardo, Maslach, & Haney（2000）.

25 Carnahan & McFarland（2007）.

26 Ashton & Lee（2008）.

27 Ashton & Lee（2008）; Lee et al.（2008）.

28 ポストモダニストたちの気取った、しかし無意味な著作に対する批判については『知の欺瞞』（Sokal & Bricmont, 1998）を参照されたい。

5章

H因子の高さを見分けることはできるのか？

あなたのちょっとした知り合いを思い出して、その人物がしそうなこと、しなさそうなことを想像してみよう。税金を誤魔化している？　財布の中にあったお金をへそくりする？　昇進のために上司を操る？　社会的地位を上げるために他人を利用する？　この章では、他人の正直さ−謙虚さ（H因子）の高さをどのくらい正確に評価できるかという疑問に注目する。ある人物について、第一印象でH因子が高いもしくは低いと見分けることはできるのか？　あるいはその人物と知り合ってから何年も経っていても見分けることはできないのか？

見知らぬ人（ストレンジャー）のパーソナリティ

まず見知らぬ人（ストレンジャー）について考えてみよう。ある研究者たちは、人は出会ったばかりの人のパーソナリティを見極めることができるかどうか検証しようとしていた。これらの研究では、参加者は、あるはじめて見る人物について、短い会話や、短い（そして音声のない）ビデオクリップ内の様子などを数分間観察した後、その人のパーソナリティを評定するように求められた。

これらの研究の結果から、人は見知らぬ人のパーソナリティを判断する際、最低限の正確性、具体的には少なくとも外向性（X因子）に関係した特性においては正確であることが示されている。どうやら、はじめて会うときでも、ある人物がどのくらい社交的で活発であるかを判断するのはかなり簡単なようだ。他のパーソナリティ因子に関しては、H因子を含め、初対面で正確に判断することは困難である。

しかし、ある人物のH因子の高さを正確に捉えることはそもそもできるのか？　あるいは、H因子はわかりづらいパーソナリティ次元なので、たくさんやりとりを行った後でも、その水準を正確に判断することはできないものなのか？　ここではまず、簡素だがより根本的な問いについて議論していく。それは、正確かどうかどうやってわかるのか？　という点だ。

正確さを評価する方法の一つが、パーソナリティ質問紙、あるいはいわゆるパーソナリティ目録の使用である。多くのパーソナリティ目録には、自身のパーソナリティに関する文章に回答する「自己報告」の形式と他者のパーソナリティに関する文章に回答する「他者報告」の形式の両方がある（付録のＨＥＸＡＣＯ−60を参照してほしい）。ある人物のＨ因子の高さについて、観察者による報告とその人物自身の報告を比較することで、正確性を捉えることができるとされている。

コラム11

第一印象における自己愛

人は通常、初対面で他者のH因子の高さを見分けることはできないが、ある研究結果によると、H因子が低くX因子が高いという組み合わせについては、見知らぬ人であっても何となくわかることが示されている。4章で議論した通り、H因子が低く、X因子が高いという組み合わせの人々は自己愛傾向がある。彼らは、自己価値に関する誇大な感覚や、他人からの称賛や注目を受けるに値するという強い感覚を持っている。自己愛傾向にある人々は、自分が成し遂げたことについて自慢したり、（財産的な、あるいは物理的な、あるいはその他の）資産を誇示したりする傾向にあり、彼らの多くは、自分は人よりも優れているといった態度を取っている。

ある研究で、ある人物の写真を見ただけで、その人物の自己愛傾向の程度を見分けられるかどうか検討された。*1 写真に写った人物は自分が写真を撮られたことを自覚していないので、写真の中の姿は典型的な見た目をしていたと考えられる。写真に写った人物は自己愛尺度に自己報告式で回答しており、彼らの得点はとても控え目な人からとても自己宣伝をする人まで広く分散していた。参加者の大学生は写真に写る人物たちの自己愛の高さを評定するように教示された。なお、大学生にとって写真の人物たちは全員見知らぬ人であった。その結果、大学生の評定と写真の人物の自己報告との相関係数が.20台を示しており、大学生の評定は偶然よりも正確であった。

どのようにして写真の人物の自己愛傾向を判断することができたのか？　一つには、対象となった見知らぬ人が派手で高価な服を着ているかどうかが着眼点になっていた。また、見知らぬ人が女性の場合は、胸の谷間を見せていたり、厚化粧をしていたり、アイシャドウをしていたりすることに対して、自己愛傾向が帰属されていた（およそ正確であった）。しかし、正確さの水準は実用的な価値があるほど高くはない。例えば投資管理者を選んだり、友だちのためにデートの相手を見つけたりするときに、その人物のH因子の高さを判断しようとするのであれば、これらの手がかりを頼りにしたいとはあまり思わないだろう。また、これらの結果は、H因子が低く、X因子が高いという組み合わせの人々に対して適用される。すなわち、H因子が低く、X因子も低い人々を特定することは、彼らのH因子の低さの手がかりがあまり目立って見られなくなるため困難なものになるだろう。

H因子の自己報告：彼らは正直なのか？

この章の後半のほうでは、どのくらい正確に他者のH因子を判断できるのか検討した研究の結果を紹介する。しかしあなたはそもそも、他者のH因子についての判断の正確さを検討する上で、自己報告を使うことに意味があるのかと疑っているかもしれない。実際、私たちに対して、いかなる自己報告式の目録を使っても、H因子を測ることはできないと言う人はいる。彼らの言い分としては、ここでの問題点は、不正直な人たちはまさにその不正直さによって、自分は正直であるという偽りの主張を行うため、目録では自分が不正直であることを認めないだろうということである。一見これは論理的であるが、この意見はH因子における以下のような誤解に基づいている。すなわち、H因子の低い人は個人的な利益のために進んで人を騙すが、これは彼らが病理的に本当のことを言えない、またはそうしたがらないということを意味しているのではない。匿名の調査環境においてパーソナリティ目録に回答する場合、H因子の低い人が自身について嘘をつく誘因はどこにもない。実際、彼らの多くは、他の人たちと同様に、自身について気軽に正確に記述することを単純に心地良く（そして実に簡単なことだと）思っている。H因子の低い人は通常、そのような匿名の状態であれば、自分がのし上がるために他者をだましたり操作したりするといった、H因子の低さを示す行為を行っていることを進んで報告する。それゆえ、少なくとも匿名の調査環境が与えられていれば、H因子の自己報告は極めて正確であると考えられる。

H因子を測定した自己報告式の尺度の得点群を見ればそれは明らかである。他の五つの因子でみられるのとちょうど同じように、得点がとても高い人は少なく、また得点がとても低い人も少なく、その中間に位置している人が大半を占める。もしH因子の低い人々が単に「偽って」H因子が高いと自己呈示しているのであれば、尺度の中でも端の高い部分に人が「集積される」ことが予想されるだろう。また、自己報告でH因子の高い人々のほとんどは、他の望ましい特性については高いと報告していない。もしそのような人々が単純に偽っているのであれば、彼らは自分をすべてにおいて素晴らしい人物であると呈示するだろう。[*2]

人のパーソナリティを知るということ：H因子は最後にわかる

私たちは長年にわたって、大学生1300ペア以上からHEXACO因子に関する自己報告式と他者報告式の回答を収集してきた。これらのペアのうち異性間の恋人関係が何組か、親類（だいたいはきょうだい）が少しいたが、そのほとんどが友人関係であり、同性が多く、同じ部屋で生活している者もいた。私たちの調査研究に参加する際には、ペアはそれぞれ、相手と相談する機会は与えられず、実験室内にて自己報告と他者報告を行っていた。

ここで私たちが明らかにしたのは、自己報告におけるH因子の高さは、他者報告における高さと平均的に変わらなかったということである。私たちの調査に参加した大学生は、友人からの評価以上に、自分自身は誠意があり、もしくは慎み深いと評価することはなかった（ちなみに、仮に学生が偽ってH因子を高く回答する場合、彼らの自己報告は友人からの他者報告よりも高くなるだろう）。ある学生が自己報告においてH因子を高く評していたとすると、その友人による他者報告もおおむね高い。同様に、ある学生が自己報告においてH因子を低く評していたとすると、その友人による他者評価も低いことが多い。親密な間柄である学生ペアにおいて、HEXACOパーソナリティの六つの因子についての自己報告と他者報告との間の相関係数は、全体的に.50付近である（相関係数が意味するところについての説明はコラム①を参照）。これは極めて高い水準での一致であり、H因子を含む六つの因子いずれにおいてもあてはまっていた。

このようにパーソナリティにおいて自己報告と他者報告との間にかなりの一致が認められたが、私たちは以下のようなことを考えはじめた――ある人物のパーソナリティを判断できるようになるまで、その人物と知り合ってからどのくらいの期間が必要だろうか？　そして、その人物をどのくらいよく知っておく必要があるのだろうか？　私たちは、より長い期間お互いを知っている友人ペアほど、より高い一致が見られるか検討した。結果は私たちを驚かせるものだった。自己報告と他者報告との間の一致は、友人同士が知り合っている長さに依存しなかった。実際、自己報告と他者報告との間の相関係数は、ほんの約1年間の間柄であったペア群と、数年間の間柄であったペア群で同じであった。これはHEXACOの六つの因子すべてにおいてあてはまっており、人は1年以内に他者のH因子の高さ、すなわちその人物がどのくらい誠意があり慎み深いかについて、かなり優れた見立てができることを示唆している。

コラム 12

パーソナリティの測定：自己報告（や他者報告）は思っているより優れもの

パーソナリティや他のあらゆるものを測定するために質問票や目録を使うという考えは、多くの人々にとって非科学的であるようだ。他の科学の分野において、研究者たちはより客観的に変数を測定する装置を使っている。例えば、気象学者は気温や湿度や風速を測定する際、温度計や湿度計、風速計を使用している。彼らはどのくらい暖かいか、湿気があるか、風が強いかなどと人に尋ねたりしない。

しかしパーソナリティ特性は、他の科学で研究される現象とは異なっている。パーソナリティ特性は傾性・(disposition)、すなわち行動や思考や感情における一定のスタイルを表す傾向であり、あらゆる関連状況を通して、また長い時間を超えて見られるものである。したがって、もし誰かのパーソナリティ特性を測定したければ、私たちはその傾性、つまり傾向（tendency）を捉えなければならず、これを実現できる物理的な装置はない。研究者たちはパーソナリティを測定するためにさまざまな手段（統制された環境における直接的な行動観察を含む）を試しているが、きちんと構成されたパーソナリティ目録というのは、比較的時間と金銭のかからない方法でパーソナリティに関する正確な情報を得ることができるという決定的な利点を備えていることが、これまでの結果から明らかになっている（パーソナリティを正確に測定できていない目録もたくさんあるので、「きちんと構成された」というのはここでの重要事項である）。ある人（あるいはその人をよく知っている人）から、関心のある特性を測るために慎重に開発された数十個の文章への回答を得ることで、その人のおおまかなパーソナリティを測ることができる。

しかし、私たちはパーソナリティ目録が実際に正確であるということをどうやって確認するのか？　いくつかの根拠を考えてみよう。まず、きちんと作られたパーソナリティ目録の得点は、人々のパーソナリティを（少なくともある程度）反映しているとされる他の変数との相関を示す。例えば、私たちが自己報告式のパーソナリティ目録を大学生に回答させたところ、C因子の得点がGPA（成績評価値）を予測することや、O因子が言語能力の高さを予測すること、またX因子が仲間からの人気を予測することが明らかになった。[*3] さらに、パーソナリティ尺度の得点は、長寿／寿命や仕事上の達成、離婚といった重要な生活上の帰結（アウトカム）でさえ、それなりに予測することができる。また、実際、これらの帰結（アウトカム）が起きる前にパーソナリティの測定がなされた場合にも、予測することができる。[*4]

パーソナリティ目録が正しいことを示すものとして他には、あらゆる他者報告間、すなわち「ターゲット」となる人物をとてもよく知っている人々による独立した評価間において、とても強く一致することが挙げられる。大学生におけるパーソナリティの研究によると、古くからの「地元の」友人による他者報告と、新しい「大学の」友人による他者報告と、親による他者報告の間でかなり強い一致がみられている。そして、これらすべての他者報告において、大学生自身の自己報告との間にかなり高い相関がみられている。地元の友だちと大学の友だちはこれまで一度も会ったことがなく、ターゲットとなる人物とは異なった期間、異なった社会環境の中で知り合っている場合もあることを踏まえると、他者報告の間で一致がみられたことはやはり重要なことである。[*5]

これらの知見はすべて、パーソナリティ目録が正確な情報を提供できていること示唆している。しかし、これはパーソナリティ目録がすべての状況下においてきちんと機能することを表しているわけではない。特に、特定の印象を作り上げたいという誘因がある人々において自己報告式を使用する場合には警戒しておくべきだろう。例えば就きたい職に応募したり、早期の仮釈放を申請したりするときに自己報告を提出する人を想像してみるとよい。良く見えるように偽る、あるいは悪く見えるように偽るように教示を受けてパーソナリティ目録に回答した場合、その人たちは教示通りに回答してしまうことが多くの研究で明確に示されている。[*6] しかしながら、匿名の調査環境においてパーソナリティ目録を回答する際には、ほとんどの人が気軽に自分自身について回答している。

しかし、ある人物のH因子の高さを把握するのに長い時間はかからないとしても、多くのことを観測しておく必要がある。すなわち、その人物についてかなりよく知っていなければならない。私たちは学生のペアのうちそれぞれに、もう片方の相手についてどのくらいよく知っているかを、0（まったく知らない）から10（とてもよく知っている）までの尺度を使って評価するようにも教示していた。ほとんどのペアにおいて知り合いの度合いの水準はとても高く、一般的に7から10の間であった。しかし、参加者の10％に満たないくらいは6以下を示していた。

私たちは、自己報告と他者報告との間の一致が、お互いをどのくらいよく知っているかに依存するかどうか見分けるために、これらの評定をお願いした。その結果、全体的に自己報告と他者報告との間の相関は、自分たちをより親密な知り合いであると思っている人々において、より高い値となったことが示された。

この結果は驚くものではないだろう。しかし、ここでの興味深い点は、すべてのパーソナリティについてこれがあてはまるわけではなかったことである。学生ペアがお互いをあまりよく知らないような、つまり6以下と評定されたときでさえ、彼らはお互いのX因子と情動性（E因子）を極めて正確に判断することができた。しかし、この結果は他の事実もいくつか明るみに出している。先述の通り、どうやら人は見知らぬ人であってもX因子についてはある程度正確に判断できるようだ。[*7] また、E因子は男女間でかなり大きな違いがあることから、性別（sex）というのがE因子の高さに関して大まかな手がかりを少なくとも与えてくれる。人は通常、あまりよく知らない人たちであっても、X因子やE因子について正確な判断を下すことができるのだ。

一方、H因子（協調性（A因子）や誠実性（C因子）も同様）については、他のパーソナリティ因子よりも、よく知らない間柄においては他者報告の正確性が著しく低かった。この点も興味深い。人はある人物についてよく知らないとき、その人物のE因子やX因子、経験への開放性（O因子）について極めて正確な見立てを持っているようだが、A因子やC因子、また特にH因子については正確さが落ちる可能性がある。しかし、お互いをよく知っているペアほど、この正確さは急激に増すようだ。私たちはある人物と、さまざまな文脈の中で多くの時間をともに過ごすと、結果としてその人物をよく知ることになり、その人物のH因子の高さについてとても正確な見立てを発揮できるようになる。*8

もちろん、上記は多くのペアにおける平均的なものを反映した結果である。すなわち、ある人物のH因子は簡単に見定められるが、また別の人物のH因子は簡単には見定められない。同様に、ある人物に対するH因子の評定が平均よりもうまい人もいれば、へたな人もいる（例えば、あなたに関しては平均よりもうまいに違いない）。とは言っても、ある人物についてさまざまな環境や状況の中で観察できる機会をたくさん得るまでは、たとえ長い年月にわたって見知った関係であったとしても、H因子を判定することには慎重になったほうがよい。

職場におけるH因子：見分けることの難しさ

これらの結果から得た示唆として、関係性の種類によっては、他者のH因子の高さを判断するための情報が十分に与えられないことがあるという点が挙げられる。職場を思い浮かべてみよう。西洋の国では多くの人々が仕事をしているときだけ同僚と交流しており、よりプライベートな環境ではめったに交流が行われない。職場での環境は、友人やきょうだい、親類たちと共有する環境よりも、はるかに代わり映えしないものだ。さらに、人は通常、上司や同期、あるいは後輩といった職場の同僚の中では、ある一定の印象を形成しておきたいと思っているので、パーソナリティの側面についてすべてを明らかにしてしまわないようにふるまいやすい。

博士課程の学生であるジョシュア・ブルダージュ（Joshua Bourdage）が大学に勤める事務職員のペアからパーソナリティのデータを収集した際、私たちはこのことを目の当たりにした。彼は、事務職員たちが同僚からの見られ方をどのように管理しようとしているのか、すなわち事務職員たちの「職場印象管理」を検討することに関心を持っていた。職場印象管理には、自己宣伝（例：自分の経験や教育について自慢すること）や取り入り（例：同僚から好かれるためにへつらうこと）、示範（例：たとえそうでなくても忙しいふりをすること）、哀願（例：誰かの助けを得るために、物事を理解していないふりをすること）、威嚇（例：自分がやっかいな存在であることを他者に知らしめること）といった行為が含まれる。[*9] これらの行為に共通する特徴は、同僚や上司を操作するために使われている点である。

私たちは少なくとも6か月間同じ部署で働いていた事務職員のペアを募集した。参加者の事務職員たちは私たちの実験室に来て、職場印象管理を測定する尺度とパーソナリティ目録のHEXACO-PI-Rについて、自己報告式と他者報告式で回答を行った。事務職員たちはそれぞれ匿名かつ内密に報告しており、同僚とは独立して実施していた。これは先述の大学生のペアで用いた手続きと同様であった。この方法によって、事務職員たちが、同僚が職場でどのくらい印象管理を行っているかについて見分けられるのか確認した。

私たちは約100名の事務職員からパーソナリティに関する回答を得た。最初にデータを分析したとき、結果はかなり奇妙に思えた。すなわち事務職員たちの自己報告による職場印象管理は、同僚からの他者報告とほとんど相関していなかった。私たちとしてはこれが正しい結果とは思えなかった。同僚たちはお互いの印象管理について、少なくともある程度は正確にわかるはずだろう。しかし、何通りかの方法でデータを確認したが、間違ったところはなかった。私たちが予想していたのとは反対に、事務職員たちの自己報告と同僚による他者報告との間の一致はあまりみられなかった。また同僚たちの大半は、ある程度の期間、その多くが18か月以上の期間においてお互いを知っており、同僚を観察するには十分な機会があったと言える。

ここであなたは、どのくらい職場で印象管理を行っていたかについて、事務職員が本音で回答していたかどうか疑問に思うかもしれない。もし多くの事務職員たちが実際に印象管理を行っていたことを否定し、またペアの相手の同僚は事務職員が本当に行っていた程度を報告しているとするのであれば、当然ながら、自己報告と同僚による報告との相関は低いという結果になるだろう。しかし今回はどうも違うようである。すなわち、事務職員たちによる自己報告式の印象管理は、同僚による他者報告式と平均的に同じ高さを示していた（また、回答が匿名で内密な環境下で得られていたので、事務職員はこれらの行動について隠す理由がない）。どうやら、同僚の印象管理の程度を過大に評価している事務職員がいたり、また過少に評価している事務職員がいたようだ。これらの知見は、同僚が行う表面的な行動の背後にあるものを、常に見分けられるわけではないことを示唆している。善良な市民としてふるまっている人々は、実際には何の良心もなく行動しているかもしれないし、本当にただそのように行動しているだけかもしれない。

当然ながら、印象管理を行う労働者の多くはH因子が低い傾向にあった。そして、私たちのH因子についての知見と、印象管理についての知見は似ていた。すなわち、事務職員たちの自己報告によるH因子は、同僚の他者報告ととても低い相関しか示されない。同僚同士において職場での印象管理の高さを正確に判断できなかったのと同様に、彼らはお互いのH因子の高さも正確に判断できなかった。ところで、（X因子を除く）他のパーソナリティの一致度は、同僚サンプルのほうが、上記で議論した学生サンプルよりも全般的に少し低かった。先ほど推測したように、これらの違いは、職場の同僚は（ご存知の通り、普段から仲の良いとされる）学生のように、お互いをあまりよく知らないということを反映したものだろう。しかし、注目すべき点は、同僚サンプルにおいてH因子の正確性が特に低いということである。先述の通り、自己報告と他者報告との相関係数は学生サンプルにおいて.50前後であったが、同僚サンプルにおいてはたったの.10前後であった。

なぜ同僚のH因子を正確に判断するのは難しいのか？　それは、職場での日々のやり取りでは、その人物のH因子に関する妥当な手がかりがあまり提供されないからかもしれない。ほとんどの職場において、誰のH因子が高く、誰のH因子が低いといったことがはっきりわかるような環境は提供されていない。他の理由として、人は職場では自分のH因子の高さを明らかにしない傾向があるということが挙げられる。すなわち、H因子の低い人々の多くは、きちんとした事務職員に見えるように計算された努力を行っているが、H因子の高い人々でそのようなことをする人はほとんどいない。そのため、どの人がどの程度のH因子であるのかということを見分けるのが困難になっている（反対に、人は常に印象を管理しようとすることはなく、できもしないので、友人やきょうだい、親類においては全般的にH因子の高さについてとても優れた見立てを行う)。いずれにしても私たちの研究結果は、通常職場で得るような限定的な情報に基づくと、同僚を過大に信頼しがちであり、あるいは過少な信頼にもなってしまいやすいことを示唆している。まとめると、人は、仲の良い人、つまりよく知っている人のパーソナリティに関して極めて正確な判断を行っている。また、距離感のある社会的な知人や同僚といったあまり知らない人たちにおいても、パーソナリティの多くの側面に関して正確に判断することができる。しかしながら、これはH因子にはあてはまらないようだ。実際にある人物のH因子を正確に判断できるようになるためには、やはりその人物についてよく知っておく必要がある。

●注

1 Vazire, Naumann, Rentfrow, & Gosling (2008).

2 ところで、これまで誰も言及していないようだが、H因子を測定するために自己報告を用いることに対する反論がもう一つある。それは、謙虚な人における謙虚さそのものが、自分が謙虚であると主張することを禁じているため、彼らは自己報告式の目録でそのように回答することは決してないというものである。しかし実際には、H因子の高い人々は、自分が他人より優れているあるいはより価値があるとは**思っていない**ということを述べるときなどは、自分の謙虚さを表明する。

3 Noftle & Robins (2007); Anderson, John, Keltner, & Kring (2001).

4 Roberts, Kuncel, Shiner, Caspi, & Goldberg (2007).

5 Funder, Kolar, & Blackman (1995); Costa & McCrae (1992a); Lee & Ashton (2006)を参照。

6 Paulhus, Bruce, & Trapnell (1995).

7 Borkenau & Liebler (1992).

8 しかし、H因子の中には観察者が配偶者の場合でも、自己報告と他者報告の間に特に強い一致を**示さない**という特徴がある。具体的には、誠実さや実直さ（つまりお世辞や友人のふりのような巧妙な操作をしない傾向）に関する自己報告と他者報告との相関はほどほどといったところである。どうやら他人を巧みに操る人は本当に巧みにそれを行っており、配偶者ですらその人がどのくらいそのようなことをしているのかおおまかに把握している程度である。

9 Bolino & Turnley（1999）.

6章

H因子の高い人たちは寄り集まるのか?

あなたの配偶者や親友たちを想像してみよう。そのうちの一人について、あなたとその人物のパーソナリティの類似点や相違点をいくつか思い浮かべることができるだろう。しかし、あなたとその人たちのほとんどあるいは全員において共通するパーソナリティ特性というのは存在するのか?

この章では、あなたと友人や配偶者とのパーソナリティの類似性や、あなたと友人や配偶者とのパーソナリティが類似していると思っているということについて考えていく。

パーソナリティ以外の類似性

パーソナリティを取り上げる前に、それ以外であなたが友人や配偶者ととても似ていると思われる点について考えてみよう。私たちは総じて、あなたの友人や配偶者は、年齢や、教育水準、信仰している宗教

（もしくは無宗教であること）、民族的な背景といった特徴においてあなたと類似していると断言する。そのうち何名かはあなたと違っているところもあるだろうが、総合的にみて、平均的な人より彼らのほうが人口統計学的な共通点を有しているだろう。

これはなぜか？ その重要な理由の一つは、職場や学校、教会、あるいは社会的な集まりにおいては、周囲の人たちのほとんどは、自分と似たような背景を持っているからだ。人は、背景を同じくする友人や配偶者に自然とたどり着く。これは、たとえ自分と似た社会的パートナーを選ぼうとしていなくても起こることである。

しかし、ほとんどの人において、配偶者や友人のほうが広大な社会の中にいる平均的な人よりも、少なくともいくつかの点で類似している。このことを表す例として、身体的魅力が挙げられる。全体的に、配偶者ペアはランダムに選んだ二名よりも身体的魅力が近しい。あるパートナーが片方のパートナーよりもかなり魅力的であるカップルを思い浮かべることはできるが、実際のところカップルの身体的魅力は類似しているのだ。

ある研究者たちは、どうして恋愛関係のパートナーが身体的魅力において類似する傾向にあるのか検討している。研究では１２０組以上のカップルを９か月間追跡しており、パートナー間で身体的魅力が釣り合っていなかった場合、破局しやすいことが示された[*1]。さらに、カップルの中で魅力的なほうのパートナーは、魅力的でないパートナーよりも異性の友だちが多かった。これは、魅力的なパートナーは別のパートナーを選択することができ、それゆえ、関係を終わらせることへのより強い誘因を有していることを示唆している。どうやら配偶者選択というのは、自分と似た魅力度のパートナーに行きつきがちな傾向がある競争市場のようである。もちろん魅力だけが人が配偶者に求める唯一の特徴というわけではなく、高い水準を有する別の特徴によって身体的魅力の低さを補うことができる。あるいはその反対もある。しかし、身体的魅力というのは、他者から見た、人間の総合的な「配偶者としての価値」の重要な要素であるようだ。

身体的魅力は、ほぼすべての人たちが配偶者に求める特徴である。すなわち、他のものが同一であれば、ほとんどの人が身体的に魅力のある配偶者を求める。しかし、すべての特徴がこのようになっているわけではない。いくつかの特性については、普遍的な了解を得た「より良い」方向というものはない。そのような特性に関しては、自分と似ている相手を好むことが多い。信仰心について考えてみよう。信仰心の強い人は信仰心の強い相手を求めており、信仰心が強くない人もまた信仰心が強くない相手を求める。筋金入りの無神論者が宗教原理主義者と結婚することはめったにないということはご存知の通りだろう。そのような結婚はテレビの連続ホームコメディでは良い題材になるが、実際にはないことだろう。研究者たちは一貫して、ほとんどの結婚において配偶者同士の信仰心の水準が類似していることを明らかにしている。[*2] また、当然ながら、信仰心が強い人は同じ宗教について信仰心が強い相手を好む。[*3]

恋愛パートナーのマッチングにおいて、政治的態度は信仰心とかなり似た様相である。左翼的な態度の人々はお互いに惹かれ合う傾向にあり、右翼的な態度の人々もそのような傾向にある。現在は別れてしまったが、マリア・シュライバーとアーノルド・シュワルツェネッガーのような民主党員と共和党員のカップルは、政治的志向性が類似したカップルよりもかなり共通点が少ない。政治的なイデオロギーにおけるカップルの類似性は、信仰心における類似性とほとんど同等の強さである。

コラム13 なぜ配偶者間の信念や態度は似ているのか？

配偶者間の信念や態度が似ているということは、実際のところ、心理傾向が似通った人たちは互いを見つけやすいということを意味しているのか？　言い換えると、配偶者同士は出会う前からすでに類似していたということなのか？　類似した配偶者同士でマッチングしている状態というのは、いくつかの方法によって起こっていると考えられる。例えば、片方、あるいは両方の配偶者の価値観は、何年かにわたって合致していく傾向にあるかもしれない（たとえランダムにパートナーと組んでいたとしても、年月が流れるにつれてパートナーがしだいに似てくることが予想されるだろう）。あるいは、価値観があまりにも離れすぎているカップルは関係が破綻してしまっているのかもしれない（たとえランダムにパートナーと組んでいたとしても、永続的な関係の多くが、たまたま信念や態度が類似した間柄であるということが予想されるだろう）。

いくつかの研究ではこれらの可能性が検証されている。500組以上のカップルを対象にした研究では、参加者は17年の間を空けて、信仰心や政治的態度の調査に回答した。*4 その結果、最初の調査のときと17年後の調査のときで、配偶者間の類似性はほとんど同じであることが明らかになった。これは結婚生活を経ても、配偶者間で段階的に合致していかないということを示唆している。また、離婚もしくは別離した配偶者たちはサンプル全体の6分の1にあたるが、最初の調査のときの彼らの類似性は、結婚を継続している配偶者間の類似性とほとんど同じであった。したがって、離婚もしくは別離した配偶者の中に、パートナーの間で反対の価値観を持っていた不運な関係性のカップルが多くいたというわけではなかった。むしろ、最初からそのようなカップルが組み合うことすらめったになかったのだ。これは正反対の態度を持つパートナー同士の結婚が必ずうまくいくということではない。おそらくこの種の正反対のカップルがとても少ない理由としては、一般的に、人はうまくいく見込みのない関係については、その関係が始まる前の段階で除外しているからだと考えられる。

友人との類似性と知覚された類似性

このように態度については多く示唆がある。一方、パーソナリティはどうだろうか？　本書で述べてきた趣旨でのパーソナリティについて配偶者との類似性はあるのか？　あるいは類似していない人のほうが魅力的なのか？　あるいは完全にランダムにマッチングしているのか？　また恋愛関係だけでは限定しすぎるのであれば、友人においてはどうだろうか？　私たちは一般的にバランス良く自分と類似したパーソナリティの友人を選ぶのか？　あるいは自分にはないパーソナリティを持つ友人を探していたかのように、いくつかのパーソナリティの次元において反対の友人を選ぶのか？

２０００年代初頭、私たちはこれらの疑問に関して極めて興味深いデータをもたらす、一連の研究プロジェクトを実施していた。前章で言及した通り、私たちは、多くの親友ペアや数組の異性間のカップルといった親しい間柄にあるペアから多くのパーソナリティのデータを収集した。ご存知の通り、私たちは六つのパーソナリティ因子において自己報告と他者報告の間の相関係数がかなり高いことを明らかにした。これは、学生たちがお互いのパーソナリティについて（独立して）評価し合う中で、お互いに一致する傾向があったことを意味している。

やがて私たちは、これらのデータは友人間や恋愛パートナー間のパーソナリティにおける類似性という

図 6-1　自己と他者の一致

トピックを検討するのに使うことができると考えた。これらの研究において、各ペアの参加者はパーソナリティ目録に2度回答していたことを思い出してほしい。一つが自分のパーソナリティについて、もう一つがペアの相手のパーソナリティについてである。ジャックとジルという友人関係にある二人が、私たちの研究に参加しているとしよう。まず、ジャックとジルは私たちのパーソナリティ目録を使ってそれぞれ自己報告式で回答を行った。それから、同じ目録を使い、ペアの相手についてそれぞれ他者報告式で回答を行った。特性に関して自己報告が他者報告とどのくらい一致しているか明らかにするため、私たちは単純に、ジャックの自己報告とジルによるジャックについての他者報告、またその反対のジルの自己報告とジャックによるジルについての他者報告を比べている（図6－1）。

しかし、もし参加者ペアのある特性がどのくらい似ているかについて知りたい場合には、代わりにジ

図 6-2　類似性

ャックの自己報告とジルの自己報告を比べればいいだろう（図6－2）。これは、この章の冒頭で述べた類似性、つまり友人関係にある二人がパーソナリティ特性についてどのくらい似ているのかということを示している。[*5]

　そして、参加者ペアがある特性についてお互いどのくらい似ていると思っているのか知りたい場合には、ジャックの自己報告とジャックによるジルについての他者報告を比べる、あるいはその反対のジルの自己報告とジルによるジャックについての他者報告を比べればいいだろう。これらの相関によって、ジャックは、ジルと自分がどのくらい似ていると思っているか、もしくはジャックによって非意識的に「知覚された」あるいは「想定された」類似性がどの程度であるかを知ることができる（図6－3）。すなわち、たとえジャックに自分とジルがどのくらい似ているか明示的に尋ねなくても、これらの相関をみることで、ジャックによるジルのパーソナリテ

図 6-3　知覚された類似性

ィに関する報告と、ジャック自身のパーソナリティに関する報告がどのくらい似ているのかがわかる。
私たちは、類似性や知覚された類似性に関するあらゆる先行研究のうち、パーソナリティについての文献を探した。しかし、そのような文献はあまりなく、あったとしても友人間もしくは配偶者間すらパーソナリティにおける類似性はみられず、想定された類似性または知覚された類似性もほとんどみられなかった。そこで私たちは、自分たちのデータから新しく何かわかることはないかと考えた。
友人関係にあたる二名のペアにおける自己報告間の相関に着目したところ、友人同士は通常、HEXACO因子のうち正直さ–謙虚さ（H因子）と経験への開放性（O因子）の二つにおいてやや類似していることが明らかになった。類似性の高さはそれほどでもなく、相関係数は両因子とも約.25であった。[*6]
一方、他の四つの因子においては、ほとんど類似性はみられなかった。

これが意味することは、少なくとも偶然よりもやや高い水準において、純真で気取らない（H因子の高い）大学生同士はお互いを友人として見ている傾向にあり、また素直さがなくうぬぼれた（H因子の低い）大学生同士も同じ傾向にあった。同様に、いろいろなことを知りたがり、考えが複雑な（O因子の高い）大学生同士は、お互い友人として（いくらか）引き寄せられている傾向にあり、保守的で空想をしないような（O因子の低い）大学生同士も同じであった。おそらくこの結果はそれほど驚くことではないだろうが、ここでの極めて興味深い点は、他の四つのパーソナリティ因子においてはこのような傾向がとても弱かったということである。これらの次元については、友人ペアはほとんどランダムに組み合わさっていたようだった。*7

自己報告と友人についての他者報告との間の相関を確認することによって、友人間における知覚された類似性の高さを検討したところ、結果はより印象的なものだった。人は、H因子とO因子において友人と自分がかなり似ているとして知覚しており、相関係数は.40付近（H因子はそれよりやや高く、O因子はそれよりやや低い）であった。言い換えると、友人間におけるH因子とO因子の知覚された類似性は、実際の類似性よりもかなり高かった。一方、他の四つの因子については、そのような知覚された類似性はみられなかった。

ここで明らかになった二つの点を総合して考えると以下のようになる。まず友人同士はH因子やO因子の高さにおいて多少似ていると言える。しかし、思っているほど似ていない。友人関係においてH因子とO因子が似ていると知覚するのはある程度正しいことではある。しかし、実際よりも高く類似性を知覚している傾向もある。また他の四つの因子については、友人同士で（平均的には）似てもなく、また反対の性格というわけでもない。さらにお互いのことを似ているとも反対の性格であるとも評価していない。

パーソナリティ、価値観、そして関係性

これらの知見だけでは、まだある疑問を残している。なぜこの二つの因子なのか？　友人同士が似ている（そしてそれ以上に自分と似ていると思ってしまう）のが、なぜたった二つのパーソナリティの次元なのか？　2、3年後、私たちはいくつかのアイデアを携え、それらを検証するよい機会を得た。ジュリー・ポゼボン（Julie Pozzebon）とベス・ヴィッサー（Beth Visser）という学部生らとともに、人々の「個人的価値観」について、HEXACOパーソナリティとの関連から検討する研究を開始したのだ。個人的価値観は、心理学の中でもヒト特有のものと言える、数少ないトピックの一つである。ヒト以外のあらゆる動物に関する、学習や知覚、動機づけ、知能、あるいはパーソナリティについてでさえ、研究することは可能である。例えば、チンパンジーや犬、さまざまな種類の魚や鳥、そしてタコなどの動物たちの「パーソナリティ」特性について、多くの科学的な学術論文が存在している。どうやらこれらの種の動物たちにおいては、個体のパーソナリティ特性を正確に測定することはできるようだ。さらに、個体間における違いは時間的に安定しており、通常生得的なものである。対照的に、ヒトは人生の中でどの目標が重要であるかを考える、つまり価値観を持つ唯一の動物であるようだ。なぜいくつかのパーソナリティ特性において友人間での類似性や知覚された類似性がみられるのか、価値観について研究することで検証できると考えられる。

個人的価値観における主要な個人差とは何か？　ある研究者たちは二つの広範な次元を明らかにしている。一つ目の因子は、個性や新奇性を相対的に重視し、その対として準拠や伝統を重視するような因子である。二つ目の因子は、他者の福祉を相対的に重視し、その対として勢力や富、成功を重視するような因子である。[*8] 言い換えると、人の価値観の個人差には、大きく分けて二つの軸があるということである。一つが、片方に自立と変革を好む人々が位置し、その反対には権威を尊重し、伝統を守りたい人々が位置する軸である。もう一つが、片方に思いやりや共有を重視する人々が位置し、その反対には自身の利益のみに注力している人々が位置する軸である。

あなたはおそらく、この価値観に関する二つの次元が、主要なパーソナリティ特性の次元とどのように関連するのか予想できているだろう。一つ目の価値観の因子はO因子と、二つ目の価値観の因子はH因子と関連していた。どうやら、価値観というのはパーソナリティの機能の一つであるようだ。ただし、主に関連したのはこれら二つの次元だけであり、他の四つのパーソナリティの因子との関連は弱かった。このように私たちは、H因子やO因子では共有されているが、他の四つの因子では共有されていない、重要な特徴をとうとう明らかにした。すなわち、H因子やO因子は、他の因子よりも、生涯を通じて追い求める価値のある目標を選択することと通底しているのだ。

しかし、もし価値観との関連が、友人同士がH因子とO因子において類似している（また類似しているとみなしている）理由を説明するのであれば、価値観の次元の類似性（と知覚された類似性）についても検討するべきだろう。私たちはこれについて検討を行っており、価値観の次元の類似性や知覚された類似性のパターンが、H因子やO因子でみられたものと同じであったことを確認している。人は類似した価値観を有する人と関わることを好んでいるが、この理由は、価値観がアイデンティティの意識においてとても重要であるからだと考えられる。私たちは、他者やより広大な社会とどのように関わっていくべきなのかという観点から、自分というものを定義づけているところがある。私たちの個人的価値観のシステムは、自分は何者かという点において大切な部分であるため、友情や恋愛関係を築いていく上で重要な要素となる。*9

ここで私たちは、「よし、この人は私と似た価値観を持っているようだ、だからこの人を私の友人として選出しよう」と思って意識的に関係をはじめようとする人や、関係を続けていこうとする人ばかりだと言っているわけではない。そのような方法を実際に行っている人は少ない。ここでのポイントは、人生における重要な事柄についての考え方が合うと、たとえそのことがお互いの好感度に影響すると自覚していなくても、単純にお互いを好きと思うようになるということである。

この説明は、知覚された類似性に関する知見ともぴったり整合する。友だちや恋愛パートナーというのは近しく、重要な関係性であるため、自分と似ているとみなしているはずだ。反対に、顔なじみではあるが特別に近しくはないような、例えば同僚やクラスメイトや近隣住民といった他者との類似性は見いださないだろう。また、パーソナリティを観測することはできるが関係性を持つことがまったくできない人、例えば架空のキャラクターとの類似性もあまり見いださないと考えられる。私たちは、いくつかの研究においてこれらのアイデアを検証した。はじめに、H因子やO因子の知覚された類似性は、親友や恋愛パートナーと比べて、同僚やクラスメイトや近隣住民では低いことを示した。次いで、参加者にテレビでおなじみの二人のキャラクター（具体的には『フレンズ』という、２０００年代のアメリカの人気連続ホームコメディに出てくるロスやレイチェル）のパーソナリティについて報告してもらったが、知覚された類似性はまったくないことが明らかになった。

これらの結果は総じて、興味深く実践的な示唆をもたらす。韓国のことわざによると、「その人について知るためには友人を見るべき」だと言われている。もしこれがパーソナリティのH因子やO因子、またこれらの因子と関連する価値観のことを指すのであれば、私たちが示した研究結果はこのことわざが真実であることを示唆している。私たちは、ある人物と親しい友人たちのH因子やO因子の平均値を取ることで、その人物のH因子やO因子の高さをかなり正確に推定できるだろう。[*10] そして、その人物が友人たちに帰属させるH因子やO因子の平均値を取ることで、その人物についてさらに正確に推定することもできるだろう。

友人同士においてパーソナリティのH因子やO因子が似ている、またお互いに似ていると知覚している理由については、パーソナリティと価値観との間の関連をみることで理解できてくる。これらの結果は、H因子やO因子が関与する、他の分野についても示唆をもたらすものである。その分野とは政治と宗教である。次の二つの章のトピックとしてこれらを扱う。

●注

1 White (1980).

2 Lykken & Tellegen (1993); Watson et al. (2004).

3 知能という特性について配偶者選択の文脈で推察するのは興味深い。知能は身体的魅力のようなもの（高ければ高いほどよい）なのか、それとも信仰心のようなもの（自分に似ていれば似ているほどよい）なのか？　ある研究によると、配偶者は知能において似ている側面もあるが、すべての面で似ているわけではないことが示されている。通常、言語能力（語彙や一般知識など）は似ているが、数学的能力は必ずしも似ていない。しかし、この言語能力の類似性が、人々が暗黙のうちにできるだけ言語的に賢い人を得ようとする競争市場のような状況から生じるのか、それとも単に自分に似た人を好むことから生じるのかは明らかでない。（いずれにせよ、配偶者が数学的能力よりも言語的能力において類似していることは理にかなっている。ほとんどの夫婦はお互いに多くの時間を会話に費やすが、一緒に数学をして過ごすのは極めてオタク的な夫婦だけだ）。

4 Feng & Baker (1994).

5 実は、類似性を調べるもう一つの方法として、ジャックによるジルについての他者報告とジルによるジャックについての他者報告を比較するというのが挙げられる。この方法で示された結果は通常、自己報告の比較に基づく結果と似ている。

6 Lee, Ashton, Pozzebon, Visser, Bourdage, & Ogunfowora (2009).

7 前述の通り、参加者は主に友人ペアであるが、夫婦を含む恋愛カップルも多く、きょうだいなどの親族ペアもあった。しかし、参加者の多くは友人同士のペアであったため、ここでは友人ペアの結果を取り上げる。ちなみに恋愛カップルも親族ペアもおおむね同じような結果であった。

8 Schwartz (1992).

9 この個人的価値観の重要性は、知覚された類似性のほうが実際の類似性よりも強いことの説明としても使える。例えば、ジルがジャックと社会的関係を結んだり維持したりする際に大事なことは、ジルとジャックがどのくらい似ているかではなく、ジルがジャックをどのくらい自分と似ていると思っているかである。

10 もちろんこれはその人が友人を選ぶのに十分な集合体を持っているかどうかに依存しており、友人の選択が制限される小さなコミュニティに住む人々には通用しないかもしれない。

7章 政治

他人とうまくやっていきたいのであれば、宗教と政治に関する議論は避けるべきだとよく言われている。はじめて上司や隣人、そしてフィアンセの家族と会うときは、宗教や政治に関する事柄についていっさい意見しないようにするのがよい。議題によっては彼らと分断することになり、反対意見を表明すれば多大な不快感をもたらすことになってしまう。

これはおそらく良いアドバイスと言えるだろう。多くの人々が政治や宗教に関する議題を非常に深刻に捉えている。たとえ個人的な利害が存在しないときでも、そのような議題に対して熱烈な意見を持つことがある。反対に、明確な政治的示唆や宗教的示唆をまったく含んでいない、事実に基づく問題について熱くなることはほとんどない。例えば、リチャード・ドーキンス（Richard Dawkins）の独創性に富んだ科学書『利己的な遺伝子』は100万部売れるのに30年以上かかったが、同じ筆者による反宗教本『神は妄想である』は100万部に到達するのに2年しかかからなかった。同様に、アメリカの言語研究者のノーム・チョムスキー（Noam Chomsky）は、言語獲得における画期的な科学業績よりも、アメリカの海外政策の批評家のほうで有名になっている。

ではなぜ私たちの多くが、政治や宗教の問題について気になってしまうのか？　最もあり得る回答として、政治的態度や宗教的態度は、私たちの基礎的な価値観、つまり生き方や、他人や世間との関わり方に対する考えを反映しているということが挙げられる。これらの価値観は、自分が何者であるかという感覚においてとても重要であるため、誰かが自分の態度に賛成してくれると満足し、反対すると当惑する。[*1]どのような種類のパートナーを選ぶときでも、人は政治的態度や宗教的態度を共有している人に惹かれる。例えば、前の章の冒頭で述べたように、配偶者同士は、一般的に政治的立場や宗教的立場がとても似ている傾向にある。

前章では、パーソナリティの主要な因子、特に正直さ–謙虚さ（H因子）や経験への開放性（O因子）が、人間の価値観のシステムにおける二つの主要なトレードオフ[*2]とどのくらい通底しているか解説した。この章では、政治的態度を形成する際のパーソナリティの役割について議論する。

右翼権威主義と社会的支配志向性

政治的態度について研究している者たちは、人々の態度がちょうど二つの変数からとても正確に予測されることを明らかにしてきている。その尺度とは、右翼権威主義（ＲＷＡ）と社会的支配志向性（ＳＤＯ）と呼ばれるものである。どちらも自己報告式の尺度によって測定される。これらの尺度で測定される概念

表 7-1　右翼権威主義尺度と社会的支配志向性尺度の項目例[*3]

右翼権威主義（RWA）	
たとえみんなと違っていたとしても，自分自身のライフスタイルや信仰，性的指向を持つべきだ（R）。	
私たちの国が直面する困難をやり過ごす唯一の方法は，伝統的価値観に戻り，政権にタフなリーダーを据えて，良くない考えを広めようとする厄介者を黙らせることだ。	
犯罪や性の乱れ，近年の風紀違反から示唆されるのは，今後私たちが道徳基準を守り，法や秩序を保持しようというのであれば，逸脱した集団や厄介者は厳しく取り締まるべきだということである。	
過激派や反体制派というのはおおむね，無知をさらす“ほら吹き”だが，現行の権力は物事について正しくある存在だ。	
私の国では，たとえ多くの人が戸惑うことになったとしても，伝統的なやり方に抗う勇気を持った自由な発想の持ち主を求めている（R）。	
社会的支配志向性（SDO）	
ある集団の人たちは，他の集団の人たちよりも単純に劣った存在である。	
出世するためには別の集団を踏み台にすることも必要である。	
時として，他の集団は今の地位に留まっておくべきだ。	
それぞれの集団の条件を平等にしておくために，私たちはできることをするべきだ（R）。	
すべての集団に人生の好機は均等に与えられるべきだ（R）。	

注）“R”は逆転項目を示している。これはその項目に反対するほど，その尺度得点が高いことを意味している。RWA の項目はアルテマイヤー（1981, 1996），SDO の項目はプラットら（1994）より。

を紹介するため，それぞれの尺度の項目をいくつか表７－１に載せた。

まず，ＲＷＡについて検討していこう。ＲＷＡはボブ・アルテマイヤー（Bob Altemeyer）によって作成された。[*4] ＲＷＡが高い人は，伝統的な規範を順守する，そこで確立された権威に従う，順守しない人や従わない人に対する権威からの攻撃を支持する，という三つの関連した傾向を示す。要約すると，ＲＷＡの高い人々は，これまで受け入れられてきた信念や社会の構造に対して盾突く人や考え方に反対することが多い。おそらく彼らは16世紀においてはコペルニクスによる地動説を嫌っていただろう。また19世紀においてはダーウィンの進化論を嫌っていただろう（考えてみると彼らの多くがいまだに嫌っている）。今日、アメリカにおけるＲＷＡの高い人々は、政治的な問題に対する観点において、予測可能なパターンを示している。すなわち、彼らの多くが、（とりわけ）中絶や医師による安楽死の合法化に反対しており、同性婚やドラッグの合法化についても同様に反対している。

次にＳＤＯについて検討していこう。ＳＤＯはフェリシア・プラット（Felicia Pratto）とジム・シダニウス（Jim Sidanius）によって作成された。[*5] ＳＤＯが高い人々は全般的に、ある集団の人々（おそらくは自分たち）は他の集団よりも高い地位を得ており、より多くの富や権力を持っていて欲しいと思っている。言い換えると、彼らは、社会の内部においても社会と社会の間においても、平等より階層を好んでいる。おそらく彼らは19世紀においては農奴制や奴隷制の廃止に反対していただろう（もちろん、彼ら自身が農奴や奴隷でなかった場合）。また20世紀初頭においては職場の安全に関する法律に反対していただろう。今日、アメリカにおけるＳＤＯの高い人々は全般的に、州が実施する社会保障制度に反対し、ヘルスケアやより高い教育を行うための公的支援にも同じく反対している。また外国や他の人種グループへの援助にもたいていたい反対している。

ＲＷＡとＳＤＯは互いには強く関連していないが、両方とも政治的志向性との間に強い関連がある。自分自身を、「左翼」から「右翼」まで、あるいは「リベラル」から「保守」までの物差しの中に位置づけるように尋ねられると、左翼もしくはリベラルの人々はＲＷＡとＳＤＯのいずれについても低く評定し、右翼あるいは保守の人々はいずれについても高く評定することが多い。[*6] ＲＷＡ尺度がある人物がどのくらい右翼的であるかを予測することは驚くことではないが、ＳＤＯ尺度もかなり強くこれを予測する。例えば、アメリカ市民を対象とした大規模調査研究では、「リベラル」から「保守」までを評定する尺度の中での自分の位置づけは、RWAとの間に.50以上、SDOとの間におよそ.40の相関を示すことが明らかになった。またこの知見の特に興味深いところは、RWAとSDOとの間にはそれほど強い関連がみられなかった点である。とりわけこの研究では、相関係数は.30未満であった。[*7]

上記の結果は政治において保守的な人々をどこか悪者にしているように思える。しかし、保守的な視点を持っている人々が特別高いRWAやSDOであるわけではないことに注意すべきだ。さらに、政治的保守性は望ましい特性との相関を示している。というのも、保守派はリベラル派と比べてやや幸福で、自分の人生にも多少満足している傾向にある。また彼らは個人的統制感や責任感がやや強いという傾向もみられる。[*8]

一般的な政治的志向との関連以外にも、RWAやSDOはあらゆる細かい態度を予測する。[*9] 例えば、RWAもSDOも盲目的愛国主義（「私の国は正しい！　それ以外は間違っている！」）や戦争への支持（「どの戦争かって？　いま戦っているやつだ」）との間に関連がある。ただし、RWAとSDOは、戦争支持についてはそれぞれその理由が異なっていることに気をつけよう。RWAの高い人々は世界というものを、自身の民族の価値観や安全を敵が脅かしてくる、危険な場所だとみなしている。一方、SDOの高い人々は世界というものを、自身の民族の地位や勢力、財産のために敵を打ちのめさなければならないという、競争の場所だとみなしている。

加えて、RWAとSDOは両方とも、少数民族集団への嫌悪、ゲイやレズビアンへの嫌悪、女性の権利への嫌悪と関連している。RWAとSDOの組み合わせはこれらの態度をとてもよく予測することができ、尺度の片方を使うときよりもかなりよく予測する。[*10] アルテマイヤーは以下のように言っている。もし偏見のオリンピックが存在するのなら、金メダルはRWAとSDOの両方が高い人たちが獲得し、SDOのみが高い人たちあるいはRWAのみが高い人たちが銀メダルと銅メダルをそれぞれ勝ち取るだろう。そして両方とも低い人たちはメダルを獲得せずに終えるだろう。しかし、その人たちは世界中の素晴らしい人たちとたくさん出会えることに幸せを感じるのだ。

O因子と右翼権威主義

RWAとSDOはパーソナリティの主要な次元とどのように関連するのか？ まずおそらくあなたが考えている通り、RWAはO因子の低さと関連している。これは社会の中でより保守的な人々、すなわち保守的な社会構造や規範を好む人々は、O因子がより低い傾向にあることを意味している。3章で説明した通り、O因子の高い人々は新奇的で普通でないことを気にしないので、奇妙な食べ物を食べてみたり、遠く離れた国を訪れてみたり、新しい技術を使ってみたりしようとすることが多い。また、O因子の高い人々は、ときどき過度なこともあるくらい、新しくて普通とは違った発想を好むので、社会とはどのようにあるべきかといったような保守的な考え方と強く結びつくことがない。

O因子とRWAの低さとの関連はほどほどに強いが、完全に一致しているわけではない。おそらく社会の中で保守的な立場ではないがO因子の低い人や、保守的な立場を取っていてO因子の高い人を想像することはできるだろう（前者はラスベガスで、後者はバチカンで確認することができるだろう）。また、O

因子が高い人々ほど社会的な変革を好む素因があるが、他にも政治的な立場に影響する変数は多く存在する。例えば、極めて混沌とした国を訪れたO因子の高い人は、自分の趣向としては個人の自由を重んじているが、機能的な社会を維持するためには伝統的な価値観が必要であると結論づけるだろう。しかしながらここで重要なことは、O因子の低さは通常、社会的保守性の高さと関連しているという点である。

この研究潮流においては、ある興味深いねじれ状態が見受けられている。それはO因子と政治的態度の関連は、年齢が高い人々においてより強くなるとされていることである。10代後半から20代の人々ではO因子の低さと社会的保守性との関連は弱い。中年代の人々ではこの関連はかなり強くなる。これはまるで年を取るにつれて、O因子の高さが政治的思想により強く影響しているようである。すなわちO因子の低い人々は社会において保守的な立場のほうにしだいに引き寄せられており、O因子の高い人々はそのような立場から遠ざかっていくのである。

私たちのある研究プロジェクトでは[*11]、三つの国（カナダ、韓国、アメリカ合衆国）におけるパーソナリティと政治的態度についての研究を実施した。私たちの仮説は、三つの国いずれにおいても、RWAは他のパーソナリティの因子よりもO因子とより強く関連するだろうというものである。結果はこの仮説を支持していたが、RWAとO因子の関連の強さは三つの国を通じて共通していなかった。韓国とカナダのサンプルではO因子とRWAの相関は中程度であったが（およそマイナス.20）、アメリカのサンプルでの相関はより強いものだった（およそマイナス.50）。これはかなり大きな違いである。また文化的にアメリカは韓国よりカナダに近しいことから文化の違いでは説明できないことを踏まえると、よりいっそう核心的なものである。

しかし、アメリカの参加者と、カナダと韓国の参加者の間には重大な違いがある。それはアメリカの参加者のほうが年齢が高いことである。アメリカの参加者全員が中年であり、ほとんどは大学を卒業しており、平均年齢は50歳を超えていた。反対に、カナダや韓国の参加者は平均年齢が20歳付近の大学生であった。したがって、アメリカの結果と韓国やカナダの結果の違いは、年齢が高い人々ほど、O因子が社会的保守性に強く影響していることを示唆している。

なぜO因子の低さとRWAの関連は、若年期の世代以降でより強くなっていくのだろうか？　私たちは行動遺伝学の研究、すなわち個人間の差が遺伝の違いや環境の違いによってどのくらい説明できるのか（コラム④参照）を検討することでヒントを得ることができる。この研究によると、青年期や若年期における政治的立場や宗教的立場の違いは、彼らが育てられたときの世帯間の違いによるところが大きい。[*12] 言い換えると、親の態度というのが、青年期や若年期における子の社会的保守性の高さに大きく影響する。

しかし、若年期以降では、親の態度の影響は弱くなり、遺伝的な影響が強くなる。ここで言えることは、どうやら若年期から、人の政治的立場や宗教的立場は、その人を育てた親の態度からあまり影響を受けなくなるということである。代わりに、大人になるとしだいに自身のパーソナリティの特徴と一貫した態度を形成するようになるのだが、そのパーソナリティが遺伝的な基盤を持っているのだ。このことは、現実社会の保守的立場に関して、O因子は若年期以降により強く効果を発揮することを示唆している。社会における保守的な立場を親と共有している18歳の子について考えてみよう。もし、この18歳の子のO因子が高ければ、成人期後半の間にRWAは低くなるだろう。一方、O因子が低ければ、おそらく親と共有した保守的な立場を維持したままだろう。

ＲＷＡとＯ因子の低さとの関連は、おそらくすでにあなたが日々の生活の中で感じている、いくつかの興味深い事実を説明してくれる。その事実の一つが、学者や芸術家は政治的志向性において左翼的な傾向にあるということである。学者たちについて考えてみよう。具体的には大学の教授だ。ある大規模調査では、アメリカの大学教授の44％が自身をリベラルだと回答しており、保守だと回答したのはたった９％であることが示された（そして残りの47％が「中立」であった）。一方、一般的なアメリカの民衆を対象にした大規模調査では、リベラルはたった22％だったが、保守は35％であることが示された（また残りの43％が中立であった）[*13]。

どのようにＯ因子は大学教授の左翼的な政治的立場を説明しているのか？　Ｏ因子の高い人々は知的好奇心が高く、またこのような好奇心の高さは典型的な大学教授の特性と定義されるだろう。同時に、上記で見てきたように、Ｏ因子が高いということは、伝統的な信仰心を拒絶するといったような、社会の中でのリベラルな態度が根底にある。それゆえ、大学教授が政治的にリベラルであることは驚くことではない。

Ｏ因子の役割を観測するための方法として、大学教授がどのくらい左翼的であるかということを、学術的な専門分野間の違いで検討することが挙げられる。まず、もっとも左翼的な専門分野は、社会学や英文学、哲学といった人文科学や社会科学の中にある分野である[*14]。これらの知識領域に関心を持つ人はＯ因子が極めて高い傾向にある[*15]。またどの知識領域においても、左翼的な大学教授ほど理論的で純粋な専門分野でよく見受けられ、右翼的な大学教授ほど実践的で応用的な専門分野でよく見受けられる。例えば、経済学の教授は銀行や金融に従事する人々よりリベラルであり、物理学の教授はエンジニアよりリベラルであり、生物学の教授は医学に従事する人々よりリベラルである。これらのことから、Ｏ因子が高いと理論的な専門分野のほうに引き寄せられることが多く、同様にO因子が高いと左翼的な政治的志向も好むようである。

大学教授と同様に、芸術家は政治的志向において極めて左翼的な傾向にある（また、教授の中でも、美術や舞台芸術を教える人々は最も左翼的であり、社会学者にも匹敵する）。[*16] 大学教授と同じく、芸術家の左翼的な傾向はO因子の観点で理解することができる。芸術家は、審美性や創造性、好奇心、とらわれなさといったO因子に定義される特性がとても高い傾向にある。これらの特性は、社会の中でのリベラルな態度や伝統的な信仰心の拒絶とも関連している。もちろん、O因子の低い人々の中にも、絵や彫刻、楽器演奏の才能を持っている人はいる。しかし、芸術家になる、すなわち感情や思考を喚起させるために芸術作品を作成するということは、本質的にはO因子の高い人の試みである。この理由から、オリジナリティ性の高い芸術作品が保守的な価値観を主張することはめったにない。また、パブロ・ピカソからチャーリー・チャップリンまで、ほとんどの有名な芸術家は政治的立場において左翼的であった。

O因子は左翼や右翼の人々の他の特徴も説明する。例えば、ある研究グループは、人の政治的立場がその人の生活空間にある所有物の種類から推論できるかどうか検討した。[*17] その研究者たちは大学寮に出向き、学生の許可を得て、いろいろな物を数え上げながら部屋を丁寧に調べていった。研究者たちが部屋を調べていたとき、彼らはまだ学生の政治的立場を知らなかった。ただし、この学生たちに対し、別の調査においてリベラルから保守までの尺度に自身を位置づけるように言っていた（この研究はアメリカで実施されたため、「リベラル」と「保守」は左翼と右翼を意味している）。

研究者たちは、リベラルな学生の部屋は、保守的な学生の部屋よりも、本や音楽ＣＤがたくさんあり、また本や音楽ＣＤのバラエティが豊富だったことを明らかにした。リベラルな学生は映画のチケットや旅行券もより多く保有していた。ここで、リベラルな学生の部屋にあった日用品は、広範な知性や芸術的な興味を示唆していることに注目して欲しい。すなわちこれはＯ因子の高さの表れである。対照的に、保守

コラム 14

政治的志向性、性的指向性、Ｏ因子

政治的志向性は性的指向性と関連している。例えば２００８年のアメリカの選挙では、ゲイ、レズビアン、バイセクシャルの投票者のうち80％は下院において民主党候補を支持した。一方、19％は共和党候補を支持した。これらは異性愛者においては53％と44％であった。[*18] このパターンが生じた理由の一つとして、民主党のほうが共和党よりもゲイやレズビアンの権利に対してより多くの支援をするとみなされていることが考えられる。しかし、このような重要な政策の違いがなかったとしても、ほとんどのゲイやレズビアンの投票者は依然として右翼的な政党よりも左翼的な政党を好むだろう。平均して、ゲイやレズビアンの人々は、異性愛者の人々よりもＯ因子が高い。[*19] この違いは大きいものではなく、またＯ因子がとても高い人々のうち大多数が異性愛者である。それでもゲイやレズビアンの人々はＯ因子の高い人々の中で大きな割合を占めている。また特に芸術家の人々の中でもその割合は多い。[*20]
Ｏ因子の高さは政治的に左翼側を好む傾向と強く関連しているため、ほとんどのゲイやレズビアンの投票者は、性的指向性の問題が選挙の争点になっていないときでさえも左翼的な政党を好むと考えられる。

的な学生の部屋には、リベラルな学生の部屋よりも、旗（特にアメリカ合衆国の国旗）やスポーツに関連した装飾が多数あった。これはより伝統的な志向であることを示していた。また、保守的な学生はイベントカレンダー、切手、紐や糸、アイロンやアイロン台も保有しており、これらの所有物は秩序や事前の計画性を示唆するものである。後者の結果は誠実性（C因子）と政治的志向性がほどほどに関連するという別の知見と一貫している。これについては後ほど議論する。

H因子と社会的支配志向性

ここで話題をRWAからもう一つの主要な政治的態度であるSDOに代えてみよう。すでに見てきた通り、SDOの高い人々はある集団が他の集団を支配するような階層社会を好んでいる。SDOとパーソナリティの関連についても予想に近いものである。すなわち、SDOは主にH因子の低さと関連しており、これはH因子の高い人々は一般的に、社会的な階層に反対していることを意味している。[*21] H因子の高い人々においてSDOが低い傾向は、3章と4章で論じたような、H因子を定義する特性に着目することで理解できる。H因子の高い人々は実直で、人の扱い方が平等であり、秀でた地位や富、権力を欲しがらない。それゆえ彼らは、他の集団を踏み台にしたり、自由にさせないようにしたりする考え方を嫌う。

ところで、H因子は平等主義的な立場をとてもよく予想するのだが、この関連は完全なものではなく、完全に近しいといったところである。それを行うことが自分の利益になるのであれば、H因子の低い人々の中にも平等主義的な態度を採用する人もいる。実際、左翼的な政党の知名度の高いリーダーになるということは、社会平等の原則にまったくコミットできていないH因子の低い人にとって魅力的な展望かもしれない。また、H因子の高い（そしてSDOの低い）人々の中には、過剰な経済的平等性や過剰な多文化性は、良くも悪くも何か問題を引き起こすという意見を持つ人もいるだろう。

SDOの高い人々は、極めて標準的な観点からみて著しく道義に反するような意思決定をしたがる点において、H因子の低い人々と共通している。例えばある研究では、SDOの高い学生は、H因子の低い人のように、発展途上国に危険な製品を輸出することでお金を稼ぐことをいとわないと回答することが示されている。*22 そして似たようなことはH因子の低い人々においても観測されている（9章で議論する）。同じ研究で、片方が任意にリーダーに割り当てられたペアにおいて意思決定が行われる際、何が起きるのかということも検討された。その結果、最も道義に反するような決定がなされやすいペアは、SDOの高いリーダーとRWAの高いフォロワーの組み合わせであることが示された。この組み合わせをアルテマイヤーは「死の連合（lethal union）」と呼んでいる。RWAの高い市民に支えられながら、SDOの高いリーダーを据える国は、攻撃的な戦争を仕掛ける有力候補かもしれない。そのような戦争は、皮肉なことに国の安全のために必要なものとしてリーダーが正当化したものであり、単に民衆を結集させるためのものである。

私たちは先述のカナダ、韓国、アメリカのサンプルに基づいた研究において、H因子とSDOの関連について検討した。三つのサンプルのいずれも、H因子の低さはSDOの高さと関連していた。ここであなたは、O因子の低さとRWAの高さの関連は、アメリカの中年の成人のサンプルのほうがカナダや韓国の大学生のサンプルよりも強かったことを思い出すかもしれない。しかしそれとは対照的に、H因子の低さとSDOの高さの相関は三つのサンプルを通して類似しており、平均的にはマイナス.40付近であった。パーソナリティ、特にH因子の高さは、年齢にかかわらずほとんど同程度に、社会的不平等への態度に影響するようだ。再度確認するが、これは、パーソナリティと社会的保守性との関連の場合にはあてはまらなかった。O因子の低さは、若年層において社会的保守性と緩やかに関連していたが、中年の成人においてはより強く関連していた。

なぜこのような違いが生じるのか？　どうやら、若い人々に対する親の態度の影響は、社会の変革に関する問題と比べて、社会の不平等に関する問題では弱いようだ。ある研究者たちは、親と子（若年期）の類似性はRWAのほうがSDOよりもかなり強いということを明らかにしている。[*23] もしあなたが親であるならば、伝統的な価値観や現代の価値観に関する子どもの態度に重大な影響を及ぼすかもしれないが、社会における階層や平等に関する子どもの態度に与える影響はとても少ないと考えられる。

コラム 15

パーソナリティと政治：文脈による違い

私たちがこの章で紹介したすべての知見は、主流の集団もしくは多数派の集団に属する人々を対象にしている。しかし、これらの知見は必ずしも、他の集団や毛色の違う社会を検討する場合にもあてはまるものではない。

ここで、不利益を被っているマイノリティ集団にたまたま所属する、H因子の低い人々について考えてみよう。このような人々は、熱烈に平等主義を訴えており、社会の不平等を非難する。しかしこの平等主義というのは、単に自身の社会的地位の低さを改善するという個人的な利益を皮肉にも反映したものである。このような人々は、自身の集団内での階層の中で上位に位置している限りにおいては、そのままその階層を好むと考えられる（地位の低い集団におけるH因子の低い人は、個人的にまたは集団として、地位の高いところに移動できる可能性があれば、社会全体の中での階層を好むこともあるかもしれない）。また同様に、社会の主流から外れてしまったマイノリティ集団にたまたま所属する、O因子の低い人々について考えてみよう。このような人々は反逆的または反体制的になる可能性があり、主流の集団の権威や伝統を壊そうとするかもしれない。しかし彼らは、自身の集団内における意見の相違は認めないだろう。代わりに彼らは集団成員たちが規律やリーダーに従うことを期待していると考えられる。

さて、毛色の違う社会、特に20世紀後半に世界を席巻していた共産主義社会ついて考えてみよう。共産主義国における公式のイデオロギーにおいては経済的または人種的な平等を強調しているため、この社会の中でH因子の低い人々は社会階層や人種に基づく階層を公には好まないと考えられる。しかし、このような人々は、共産システムの内部においては、依然として地位や富を追求しているようだ。そして、他国の支配を目的とする、攻撃的な対外政策を好んでいる可能性が指摘される。また、共産主義社会は宗教を組織することをよく思わないので、そのような国に住むO因子の低い住民たちは、伝統的な宗教の教えには触れてきていないようだ。しかしそれでもその住民たちは、共産主義社会の中における伝統的な道徳規範を支持しており、この服従は共産主義政党や彼らの教義を通じてなされていると考えられる。[*24]

パーソナリティと政治政党への支持

ここまで、RWAやSDOの高さを知ることで、多くの社会的問題や政治的問題に関する態度を予測できるということを論じてきた。SDOとRWAの両方が高い人々は右翼的（もしくは保守的）な傾向が強く、両方とも低い人々は左翼的（もしくはリベラル）な傾向が強い（片方が高く、もう片方が低い人々は、左翼的な立場と右翼的な立場の組み合わせが完全に異なっていたとしても、全体としては中くらいの傾向にある）。そうすると、このことは各政治政党の支持者はそれぞれ、パーソナリティにおいて違いがあるということを意味しているのか？　SDOとH因子の低さやRWAとO因子の低さが関連しているのであれば、左派政党の支持者は、右派政党の支持者よりも、H因子とO因子の両方が高いということが予想されるだろう。実際どうなのか？

この予想に対する答えは国によって多少異なっている。イタリアの選挙についての研究では、右派政党に投票した人々は、左派政党に投票した人々よりも、平均値的にH因子とO因子が低いことがアントニオ・チルンボロ（Antonio Chirumbolo）とルイージ・レオーネ（Luigi Leone）によって明らかにされた。これは確かに上記の論理を支持する結果であった。ドイツで行われた二つの研究は非常に似た結果を示した。[*25]予想の通り、イタリアとドイツの違いは些細なものであった。しかし、アメリカの選挙から得られたデータ、特に中流階級、白人、アングロサクソン系、そして主にクリスチャンであるオレゴン州の住民においては、少し異なった示唆をもたらすものであった。右翼的な投票者つまり共和党への投票者は、左翼的な投票者つまり民主党への投票者よりも平均値的にO因子が低かった。また共和党への投票者は民主党への投票者よりもC因子においていくらか平均値で上回っていた。[*26] しかし、H因子においては、共和党への投票者と民主党への投票者の平均値は同程度であった。

アメリカの研究においてH因子と政党の選好の関連がみられないという点は、いささか難解なことである。もしH因子の低さとSDOが関連し、またSDOが右派（共和党）への支持と関連するのであれば、共和党支持者は平均的にいくらかH因子が低くなると考えられる。そうであるならば、なぜその結果が示されないのか？　なぜ共和党支持者は、民主党支持者と比べて同程度に正直で謙虚であるのか？　どうやら、ある未知の変数が、共和党支持者におけるH因子の低い傾向とSDOの高い傾向を相殺しているようだ。

ここで起きていることを理解するため、以下のスポーツの例を考えてみよう。あなたは垂直方向のジャンプ力がとても優れているとしよう。他の条件が均一であれば、ジャンプ力のある人ほど優れたバレーボールの選手になれるはずなので、あなたは平均以上のバレーボール選手になることが予想される。しかし、実際にあなたがちょうど平均的なバレーボール選手に落ち着く場合、ジャンプ力による効用を相殺する何かがあるはずだ。例えば、身長もバレーボールのパフォーマンスにおいてあらゆる面に寄与するため、もしあなたの身長が平均よりも低ければ、おそらくそれによってあなたの優れたジャンプ力の効用は消えてしまっていると考えられる。

ではSDOの効果を相殺し、それにより共和党支持者のH因子を下げないようにしているものとはいったい何か？　私たちは宗教だと考えている。信仰心の強いアメリカ人ほど共和党を支持する傾向にあり、また信仰心の強いアメリカ人はおおむね、H因子が平均よりもやや高い。もしSDOと信仰心がどちらも共和党の支持者であることと関連しており、一方でSDOと信仰心がそれぞれH因子と逆の関連を示すのであれば、共和党支持者全体のH因子は民主党支持者と比べて高くも低くもならないだろう。そしてこれは私たちが元来、明らかにしてきたことである。

私たちはまさに、H因子の高い人々は低い人々よりもやや宗教的であることを明らかにしてきた。実際にパーソナリティが宗教やスピリチュアルな信仰心とどのように関連しているのか知りたいのであれば、次章にご期待いただきたい。

●注

1　ただし、価値観の要素が入らない、他の意見や嗜好の問題についてはあてはまらない。例えば、「朝型人間」と「夜型人間」はこの両者の違いにあまり違和感を抱かないだろうし、「犬派」と「猫派」、「お茶派」と「コーヒー派」などもそうだろう。

2　〈訳注〉6章で紹介した、個人的な価値観に関する二つの次元。

3　〈訳注〉表中の記述はあくまで本章担当者による訳である。右翼権威主義尺度と社会的支配志向性尺度の日本語版の項目はそれぞれ高野・高・野村（2021）と三船・横田（2018）を参照されたい。

4　Altemeyer（1981, 1996）.

5　Pratto, Sidanius, Stallworth, & Malle（1994）.

6　「左翼」「右翼」という言葉は、国を通じて似たような意味を持っている。しかし「リベラル」「保守」という言葉は、ヨーロッパとアメリカでは意味が異なる。ここではアメリカの意味を用い、「リベラル」「保守」はそれぞれ「左翼」「右翼」とほぼ同じ意味としている。

7　Federico, Hunt, & Ergun（2009）.

8　Schlenker, Chambers, & Le（2012）.

9　Duckitt, Wagner, du Plessis, & Birum（2002）; McFarland（2005）.

10 Altemeyer (2004, 2006).

11 Lee, Ashton, Ogunfowora, Bourdage, & Shin (2010).

12 Koenig et al. (2005); Eaves et al. (1997).

13 Pew Research Center for the People and the Press (2009).

14 Nakhaie & Brym (1999).

15 Data from Goldberg's Oregon sample.

16 Nakhaie & Brym (1999)を参照。

17 Carney, Jost, Gosling, & Potter (2008).

18 http://www.cnn.com/ELECTION/2008/results/polls/#val=USP00p3

19 Lippa (2005).

20 Lewis & Seaman (2004).

21 Hodson, Hogg, & MacInnis (2009); Lee et al. (2010).

22 Son Hing, Bobocel, Zanna, & McBride (2007).

23 Duriez, Soenens, & Vansteenkiste (2008).

24 ソビエト連邦における右翼権威主義については McFarland, Ageyev, & Abalakina-Paap (1992) を参照。

25 Chirumbolo & Leone (2010); Zettler & Hilbig (2010); Zettler, Hilbig, & Haubrich (2011).

26 政党支持におけるC因子の役割を示す研究もある。C因子が高い人は右派政党を支持する傾向がやや強い。おそらく、右派政党が主張する政策、例えば、より厳しい法の執行や経済的自立を促す政策は、衝動的で勤勉性に欠けるC因子の低い人々にとってやや魅力に欠けるものだろう。

8章

宗教

自然法則を超えた存在や力を信じない人もいる。そうした人々は神あるいは神々、魂や霊、奇跡や魔法の力といったものを否定する。しかし、超自然的な力への確固とした信念を持ち、生活のほとんどすべての側面にその信念が浸透している人々もいる。

8章の主題は宗教性である。どのような人が宗教的になるのか、またどのように宗教性を表現するのかを説明する上で、パーソナリティが果たす役割を検討していく。そして宗教がどのように特定のパーソナリティの表出を促しているのかについても考察していく。

しかし、なぜ宗教性自体がパーソナリティを表す特徴ではないのかを説明することからはじめる必要がある。まず、人の宗教性は、最終的には超常的あるいは精神的な世界についてのその人の信念に依拠している。対照的に、人のパーソナリティのレベルは、特定の諸信念に依拠したものではない。加えて、宗教性は、神や万物といった超自然的な存在との合一を目指す生き方を意味することが多い。宗教的に生きることには、宗教ならではの多様な行動が含まれている。例えば、何を食べ、いつ働き、誰と結婚するかなどのさまざまな規則を定めた宗教もあるだろう。[*1] 対象的に、パーソナリティに関連する諸行動には、通常明らかに類似性がある。例えば、パーソナリティの外向性（X因子）は他人をリードする、楽しませる、そして社交的であるなどの諸行動が含まれている。

パーソナリティと宗教的信条

では、超自然現象を信じる人、信じない人とはどのような人々なのだろうか？　現代社会では、どのような人々が超常現象を信仰するようになるのかのヒントは、パーソナリティの特徴からは漠然としか得られない。とはいえ、優しい人々ほど超常的な力を信じているという弱い傾向はある。大学院生のババトゥンデ・オグンフォウォラ（Babatunde Ogunfowora）と私たちの共同研究の結果は、超常的な力を信じることが、正直さ–謙虚さ（H因子）、協調性（A因子）、情動性（E因子）が高いことに、わずかながら関連していることを示していた。[*2] こうした関連がみられる理由の一つに、優しい人々ほど生命は単なる物質を超えた何かがあると信じたがることがあるのだろう。例えば、そうした人たちは、人は肉体を失っても魂が残り、死によって離ればなれになった人たちが死後に再会するという考え方を好む。これに対して、H因子、A因子、E因子が低い人々、つまり、あまりいい人でない人たち、あるいは些か優しさに欠けた人たちには、こうした死後の世界を信じる動機がなく、慰めとなるこのような信念を否定することに喜びさえ感じているかもしれない。とはいえ、パーソナリティと超自然的信仰との関係はずいぶんと弱いものである（数値が気になる人のために、H因子、A因子、E因子と超自然的な信念の相関は.20台でしかないことを補足しておく）。つまり、こうした傾向が大多数の人々にあてはまるというものではなく、超自然的な信念を受け入れない人々の中にも、とても親切で心の優しい人がたくさんいるし、超自然的な信念をはっきりと受け入れる人々の中には、あまり親切でない無情な人々もたくさんいるのである。

心の優しさと超自然的信念の関係は、私たちの自身のデータから得られたものであるが、他の研究者の研究結果も同様の関係を示していた。ヴァシリス・サログロウ（Vassilis Saroglou）は過去の60以上の研究をレビューし、宗教を信じている人々は宗教を信じていない人々よりも、平均的に、わずかに優しいことを明らかにしている。[*3]

さて、パーソナリティと宗教性に関連があるとすると、どちらかがもう一方に影響を与えるのではないかと疑問に思うかもしれない。パーソナリティが宗教性に影響を与えるのか、それとも、宗教的信念がパーソナリティに影響を与えるのだろうか。これまでに得られた証拠は非常に限られたものであるが、そのほとんどはパーソナリティから宗教性の方向に影響を示していた。研究者たちが人々を長期的に追跡調査したところ、人生の早い段階でのパーソナリティ特性は人生の後の段階での宗教性を予測していたが、その逆はないことが明らかになっている。[*4]

パーソナリティが宗教的信念に影響していることは、これらの変数についての性差のパターンからもほのめかされている。平均的に、女性は男性よりもいくぶん優しく、また、超自然的なものを信じる傾向がわずかに強い。優しさの性差をコントロールした場合には、超自然的信仰の性差は約半分ほどに減少する。しかし、その代わりに超自然的信仰の性差をコントロールすると、優しさの性差はわずかに減少するだけである。この結果は、女性は男性よりもいくらか優しいという理由から、超自然的信仰にいくぶん強く惹かれることを示唆している。[*5]

宗教を信じている人々が優しいという発想は、あくまで一部であるものの、社会科学者のアーサー・ブルックス（Arthur Brooks）が２００６年に発表した著書[*6]の主張と一致している。ブルックスは、宗教を信じているアメリカ人（ほぼ毎週礼拝に行く人）は宗教を信じていないアメリカ人に比べて、慈善団体に3.5倍もの金額を寄付しているという調査結果（２２１０ドル対６４２ドル）に言及している。また、宗教とは関係しない慈善団体への寄付に限っても、宗教を信じているアメリカ人の気前の良さがみられると述べている。ブルックスのこうした報告は正しいものではあるが、厳密には、宗教を信じているアメリカ人の寄付額と宗教を信じていないアメリカ人の寄付額の差は非常に小さなものであり、宗教を信じているアメリカ人は宗教を信じていないアメリカ人よりも10％程度多く寄付をしているだけである（５３２ドル対４６７ドル）。したがって、宗教を信じているアメリカ人は宗教を信じていないアメリカ人よりわずかながらも多く宗教の関係しない慈善団体に寄付しているにすぎない。この差が小さなものであるのは、宗教性と優しさとの間にある関連の大きさがわずかなものであることを考えれば、ほとんど想定通りの結果である。[*7]

超自然的信仰をいっさい否定する人々の割合は少ない。宗教を信仰する組織に属していない人々がほとんどである国でも、たいていの人々は何らかの超常的な存在や力を信じている。しかし、もしパーソナリティが超常的なものを信じることとわずかにしか関係しないとすると、人々があらゆる超常的なものを否定する、徹底的な懐疑主義者になるのかどうかを決定するものはいったい何だろうか。候補の一つは、科学と接することである。科学の役目は、人間、生命、地球、宇宙の起源を含む、私たちを取り巻く環境を、自然法則のみによって説明することにある。想像がつくように、科学者たちは他の人たちよりも超常的なものを否定する傾向が強い。ある研究は、米国の科学者の41%が神やその他の超常的な力を信じていないと答えており、米国の一般市民ではわずか4%であるのとはまったく異なっている。[*8] 同様の調査では、神やその他の超常的な力を信じない人々の割合は一般的な科学者で45%であり、科学者の中でも高い地位を持つ米国科学アカデミー会員に至っては72%という驚くほど高い割合であった。[*9] 当然この他に、たとえ高名な科学者であっても、超自然現象を信じる多くの科学者はいるし、敬虔な宗教家である科学者もいる。しかし、科学者の中に神やその他の超常的な力に懐疑的な人々が非常に高いことは確かなことである。

これまでに述べた研究結果は、科学者が超自然的なものを信じることを否定するのは、科学を学んだことが本当の理由であるのかという問いに答えていない。そうではなく、科学者というのは科学の勉強をしていなくても、そもそも超自然的なものへの信仰を否定するような人たちであるのかもしれない。しかし、科学者たちのパーソナリティ特徴からは、彼らに宗教性が欠如していることを説明することはできない。先に述べたように、パーソナリティの特徴が説明するのはごく一部にすぎないため、いずれにせよ、科学者のパーソナリティは一般の人々とそれほど大きな違いはない（ゴールドバーグがオレゴンの住民を対象に行ったデータでは、科学的職業に関心の高い人々ほど経験への開放性（O因子）がやや高く、H因子、A因子、E因子の「優しい」因子がやや低い傾向があるもののその差は小さいものである）。

科学者が懐疑的であるのは、もし、パーソナリティのせいではないとすると、結局のところ、科学者というのは賢い人々であるのだから、その原因は知能にあるのではないかと疑問に思うかもしれない。しかし、IQが高いことと超自然的なことを否定することとの間には、わずかな大きさの関連しかない。アメリカのティーンエイジャーを対象として最近行われたある大規模調査では、無神論者の平均IQは一般の人々よりも5ポイントほど高いことが判明した。つまり、無神論者は無神論者ではない人たちよりも平均的にはいくらか頭が良いが、その差は大きくない。例えば、非無神論者の3分の1以上が平均的な無神論者よりも高いIQを持っていることになる（ちなみに、同じ調査では、不可知論者のIQは一般集団より平均で約3ポイント高かった。ユダヤ教、英国国教会またはエピスコパリアン派の人々の平均IQは無神論者のそれよりも1、2ポイント高く、カトリック教徒の平均IQは一般集団とほぼ同じであった。プロテスタントでは、「リベラル」な宗派は平均よりやや高く、「教条主義」的な宗派は平均よりやや低い）。[*10]

これまでに述べた結果の示唆するところをまとめると、IQのレベルや主要なパーソナリティ因子のような、科学者たちの個人的諸特徴は、科学者たちが超自然的なものを信じない主な理由ではない。そうではなく、超自然現象に対する懐疑心は、科学に対する徹底的な学習と科学的手法へのこだわりに依拠するものであろう。

伝統的な宗教 対 神秘的霊性：O因子の役割

では次に、宗教とパーソナリティに関する二つ目の疑問に移ろう。超自然現象を信じる人々の中で、宗教性や霊性の現れ方といった信仰スタイルや信仰の種類に、パーソナリティはどのように関係しているのだろうか。ここではO因子が最も重要な役割を果たしている。

超自然的なものを誰かが信じるかどうかについてO因子が教えてくれることは少ない。超自然的な力の存在や超常現象の存在を否定する人、つまり、神や魂や霊や魔法や自然界の外のものを信じない人の中にはO因子が高い人もいれば低い人もいるのである。ただし、O因子は、人々がどのような種類の超自然的な信念を持ちやすいかを教えてくれる。

超常現象を信じている O因子の低い人々では、伝統的な宗教的信念を持つ傾向がある。O因子の低い人々は、主流の宗教コミュニティの信仰や習わしに厳格に従うことを好む。例えば、キリスト教の宗教的伝統を持つ社会では、O因子の低い人々（あるいは、少なくとも宗教的家庭で育ったO因子の低い人々）は、聖書に書いてあることを文字通りの真実として受け入れる傾向がある。創世記にある天地創造の物語を信じ、神とサタン、天国と地獄の存在を信じ、イエス・キリストの処女懐胎と復活を信じるのである。おわかりのように、こうした超常現象を信じるO因子の低い人々はとても社会保守主義的である。

他方で、超自然現象を信じるO因子の高い人々には、いわゆる神秘的な霊的信仰を持つ傾向がある。例えば、西洋社会では、O因子の高い人間は、占星術、魔術、幽霊、超感覚的知覚、念力など、さまざまな魔術、オカルト、超常現象を信じる傾向がある。また、仏教やヒンズー教などの東洋の宗教、あるいはネイティブ・アメリカンの精神的伝統の教えを取り入れる傾向もみられる。一般に、O因子の高い人間は、個人による精神的探求に重きを置く新宗教運動に惹きつけられる。超常現象を信じるO因子の高い人々は、伝統的な宗教を信仰するO因子の低い人々と異なり、社会問題に対してわずかにリベラルな傾向がある。

このように、O因子はこれら二つの超自然的信念と相異なる方向に中程度の大きさの関係がある。ジェラード・ソーシエ（Gerard Saucier）とカタルジーナ・スクッピンスカ（Katarzyna Skrzypińska）による大規模な研究の結果は、O因子が伝統的宗教性とマイナス.25、神秘的霊性と.40の相関を示していた。[*11]つまり、O因子は、ある人が超常的存在や超常的な力の存在を受け入れるか拒否するかを知る手がかりにはならないにしても、どのような種類の超自然的信念を持つ傾向が高いかを知る手がかりにはなる。[*12]

O因子と宗教的信念や精神的信念の関係は、宗教運動の歴史について興味深い見識を示している。新たな宗教の創始者や、新しい宗教が始まったばかりの時期に熱心な信者となった人々のO因子は高く、既存の宗教を信仰する人々や、その非常に敬虔な信仰擁護者である人々のO因子は低いものであることが多い。

宗教の教義を守る理由：H因子の役割

超自然に対する人々の信仰の方法やあり方、つまり宗教的伝統を信仰するか、精神的霊性を信仰するかを説明するにあたって、最も大きな役割を果たすパーソナリティがO因子であると述べた。しかし、H因子もまた、宗教に関与している。前章で述べたように、H因子の高い人々はH因子の低い人々よりも宗教的である可能性がわずかに高い。そして、8章の前半で述べたように、H因子におけるこうした関連性（そしてA因子およびE因子と宗教性における同様の関連）の理由として、優しく、共感的な人々は、人間は肉体を失ってもなお魂は残り、死によって離ればなれになった人々が来世で再会するという考えを好む傾向があることが考えられる。

しかし、H因子は、宗教的伝統への信仰、精神的霊性への信仰に控えめな関連があるだけでなく、人々がその信仰を表明する理由にも関わっている。同じ教会、あるいはその他の宗教団体に所属する二人がいるとする。二人とも定期的に宗教行事に参加し、所属する宗教団体自体とその理念のためにお金を寄付し、その宗教の決まりごとを守っている。しかし、この二人は自分たちの宗教団体の規則を遵守する理由はまったく異なるものである。一人にとっては、目に見えるこうした宗教への献身は、非常に深い信仰心を真に表したものである。もう一人にとっては、こうした同じ行動は世間体のためだけのものであり、単に立派なイメージを植えつけ、そのコミュニティで高い地位の人々と交流するためのものである。この人は自分の宗教の教義を信じているかもしれないが、この信念が公の場での宗教的なふるまいへと駆り立てているわけではない。

宗教団体に所属している人々のほとんどは、この例の二人のように明確に分かれているわけではないが、その多くは、宗教的なふるまいの二つのこうした理由が混在していることだろう。しかし、なかには明らかに他の人々よりも信仰を心から守っている人々もいる。そして、推測されるように、宗教的献身を表すふるまいがより真摯なものであるのはH因子の高い人々であり、ふるまいがよりシニカルであるのはH因子の低い人々である。とはいえ、そのようにはならない状況も考えられる。宗教を守らない人を原則排除する、宗教性が高く、同調圧力の高い社会を想像してみよう。そのような社会では、H因子の高い信仰心のない人々であっても、不本意ながらも宗教を信仰しているふりをするほかないかもしれない。

H因子と宗教の規律を遵守する動機の関係は、宗教の指導者にも信者にも同じようにあてはまる。聖職者になる人々のほとんどは純粋な信仰心を持っているし、宗教関連の職に強く関心を示す人々というのは、概してH因子が高い。[*13] そうはいっても、少なくともH因子の低い人々に宗教の指導者の職に惹かれる人々がいることには理由がある。宗教に関係した職業は、高い地位に就く入り口となる可能性がある。例えば、大きな教団では、宗教的権威のヒエラルキーの頂点に立つことを期待し得る。地域の小さな宗教団体でも、自分の信徒に大きな影響力を行使できる可能性がある。また、H因子が非常に低い人々の場合には、信者から金銭的、性的搾取を行う可能性もある。既存の宗教においてこのようなケースがあることはよく知られているが、特に新興宗教のカルトで多く見られるかもしれない。そしてもちろん、十分なカリスマ性と組織を運用する技能を持つH因子の低い人々は、次の偉大なテレビ宣教師になることを目指し、疑うことを知らない膨大な数の信奉者から寄付を募ることができるのだ。

宗教は高いH因子を持つことを促進するのか?

H因子は宗教性の表出に影響する。逆に言うと、宗教上の教えはH因子の表出に影響を与えるようにデザインすることができる。ほとんどの宗教は、H因子の高い人間としてふるまうこと、つまり、他者との関係において正直で謙虚であることを理想としている。実際、主要な宗教的伝統のいずれも、しばしば欽定訳聖書から「己の欲する所を人に施せ」と意訳されている、「黄金律」に対応するものがある。しかし、この理想がどの程度広く適用されるかというのは宗教間にある重要な違いである。つまり、あらゆる人が公平に扱われるべきなのか、それとも自分の宗教集団のメンバーだけが公平に扱われるべきなのか。

宗教の教えの中には、信者は同じ宗教の信者に対してはH因子の高い人間としてふるまい、外部の人間に対してはH因子の低い人間としてふるまうことを奨励しているものもある。旧約聖書について検討してみよう。旧約聖書の申命記にある十戒は、信者が殺人、窃盗、姦淫、偽証を行わないように定めている。

ただし、申命記の後の章では、信徒に他のさまざまな宗教団体の大量虐殺を行うように指示している。例えば、（申命記7：1-2、NIV）では「あなたの神、主は、あなたが所有するために入っていこうとする土地にあなたを入らせ、あなたの前から多く民族を追い払い、……その後、あなたは彼らのことごとくを滅ぼし尽くさねばならない。彼らと契約を結んではならないし、情けをかけてはならない」と記述されている。同様に、（申命記20：16、NIV）[*14]「息のあるものを一人として生かしておいてはならない。あなたの神、主があなたに命じられたように、彼らを滅ぼし尽くさなければならない」とも記述されている（ちなみに、大量虐殺は宗教の専売特許ではないことに言及しておかなくてはならない。国家による20世紀の大量殺人のほとんどは、宗教外のイデオロギーが理由である）。

対照的に、宗教的慣習の中には、同胞と外部の者の区別なく、他者を公平に扱うという定めは、真に普遍的なものとするものがある。例えば、クエーカーとして知られる「キリスト友会」について検討してみよう。この宗派は英国国教会から17世紀に分離独立し、その後世界各地に広がっていった。クエーカー運動の特徴は、生き方の指針となる「証言」にある。例えば、「質素の証」では、派手さや物質主義を避け、H因子の高い諸行動をとることを奨励している。ここで注目したいことは、これらのクエーカーの証は、クエーカー教徒だけでなくクエーカー教徒以外の人々との交流を同様に規定するものであることだ。「誠実の証」は、真実を語ること（そして、間接的な欺瞞すらも避けること）と、公正な取引を重視するものである。初期のクエーカー教徒は、（クエーカー教徒ではない）労働者に適切な賃金を支払い、（同じくクエーカー教徒ではない）顧客に商品を販売する際にも定価を設定することで、誠実なビジネスマンという評判を得た。「平和の証」は、非暴力主義を奨励し、それゆえ、外集団に対する侵略行為を禁じている。北米への初期入植者の中で、クエーカー教徒はネイティブアメリカンと平和的な関係を築き、条約を忠実に守っていたことはよく知られている。平等の証は、あらゆる人が平等な権利を持つというものであり、外集団から搾取することを禁じている。クエーカー教徒は18世紀にはすでに奴隷貿易と奴隷制度そのものに反対であることを宣言しており、クエーカー教徒も現代においても人権の擁護を主張し続けている。

なぜ、ある宗教では集団内においてのみH因子が高いとされる行動をとることを奨励し、また別の宗教では誰に対してもH因子が高いとされる行動をとることを奨励しているのだろうか。それは、その宗教がO因子の高い人々に向いたものであるか、O因子の低い人々に向いたものであるかに依存しているものと思われる。O因子の低い独善的、原理主義的団体は、服従と従順さを求めるものであり、それらは「私たち」と「彼ら」をはっきりと区分けし、「私たち」に対しては特に強い道徳的義務を追わせるが、「彼ら」に対してはほとんど道徳的義務を負わせることはない。これとは対照的に、O因子の高い、よりリベラルで進歩的な団体は、服従と従順さにはあまり関係しておらず、私たちと彼らとの間の区別は弱く、道徳的義務はあらゆる人を対象としている。

8章で見てきたように、H因子は人々の宗教的信念のいくつかの側面に関係している。次章では、H因子がより強く関与している三つの領域である、お金、権力、そしてセックスについて考えてみよう。

●注

1　ここでは、超自然的信仰に基づいた倫理、あるいは信念の諸体系のみを宗教として扱う。ただし、現代社会では、宗教は主に所属する文化、あるいは民族を表すものであって、超自然的信仰とはほとんど無縁なものとなっている。例えば、アイデンティティとしてユダヤ教を強く意識している宗教的ではないユダヤ人を想像してみよう。また，宗教的活動として一般的にみなされているものの中には，必ずしも超自然的な要素が含まれないものもある。例えば，儒教は生き方を示すものであるが，特定の超自然的な力についての主張は伴わない。ただし，儒教であっても，中国の民間宗教の伝統において実践されており，超自然的信仰が含まれている。

2 Lee, Ogunfowora, & Ashton（2005）.

3 Saroglou（2010）. また，サログロウは，宗教を信じている人々は誠実性（C因子）がやや高く，比較的規律正しく組織的である傾向があることを発見している。このことは，諸宗教がおそらく，宗教の教義が定める秩序づけられた生き方に従うに秀でているC因子の高い人々を集め，留めておく傾向があること，あるいは宗教を信じている人々のC因子を促進することを示唆している。

4 Wink, Ciciolla, Dillon, & Tracy（2007）.

5 優しい人々のほうがやや宗教を信じているという傾向は，男女別に考えても同じで，優しい男性たちは冷酷な男性たちより少し宗教を信じている傾向があるし，女性でも同様の傾向があてはまる。

6 Brooks（2006）.

7 宗教性とH因子の関連は特に，ゴールドバーグ（Goldberg）がオレゴン州の住民を対象に行った未公刊のデータに興味深いかたちで現れている。そのサンプルに対して行われた調査の中に，回答者の持ち物について尋ねたものがある。その調査の結果から，H因子の高い人々はH因子の低い人々に比べて，聖書などの宗教に関連した本をより多く所有していることが多いことがわかった。一方，H因子の低い人はH因子の高い人に比べて，携帯電話，クレジットカード，酒瓶を多く所有していた。しかし，この相関はあまり強くなく，携帯電話やクレジットカード，酒は持っていても，聖書は持っていないという人が多い。

8 http://people-press.org/report/?pageid=1549

9 Larson & Witham（1997, 1998）.

10 Nyborg（2009）を参照。ニューボルグは，人種や民族の違いが結果に影響しないように，白人で非ヒスパニック系の10

代に対象を限定して分析を行った。

11 Saucier & Skrzypińska（2006）.

12 伝統的宗教への信念と神秘的霊性への信念は互いに関連がみられていないことに言及しておく。つまり、二つの信念は相反するものではないのである。伝統的宗教への信念と神秘的霊性への信念の両方を持ち、それゆえこれまでに述べたような超自然的信念を受け入れる人々もいるし、伝統的宗教への信念も神秘的霊性への信念もなく、あらゆる超自然的信念を否定する人々もいるのだ。

13 ゴールドバーグのオレゴン州在住者サンプルのデータ。

14 議論の詳細は、Wilson（2002, pp.134-135）を参照。

9章 お金、権力、セックス

低い正直さ–謙虚さ（H因子）の人たちの行動は人生のさまざまな局面で現れる。ここでは非常に低いH因子の人たちが特に顕著な行動を示す、お金、権力、セックスの三つの分野を考えてみよう。

お金

H因子の低い人たちはたいてい、働いたり投資したりと、完全に合法的な手段でお金を得ようとするはずだ。これは単に、犯罪はたいてい報われないという現実を反映しているにすぎない。低いH因子の人たちの多くは窃盗や詐欺で長い間逃げ切るのは難しいことを理解し、もっと確実に金持ちになる方法を探したほうがいいと判断する。しかし、基本的には何もしないで何かを得るということが好きで、その何かが他人の犠牲の上に成り立っているとしてもそれを気にしない。だからこそ、機会があればすぐに盗んだりだまし取ったりする人たち、そして実際にほとんどの物欲的な犯罪を行う人たちは、H因子の低い人たちなのである。

私たちのいくつかの調査では、学生たちに匿名で自分が盗んだ金品の金額を報告してもらった。その調査の結果、それが万引きなのか、不法侵入なのか、仕事中の窃盗なのかにかかわらず、最も多くの窃盗を働いた人たちは平均よりはるかに低い所得であることが明らかになった。全体として、盗みの総計の大半を占めるのは1割未満の学生で、それらの学生は平均して全体の約8割から9割の学生よりもH因子が低いという特徴があった[*1]。

そうは言っても、H因子が少ないと言っている人が同じ口でたくさん盗んだと言っているだけで、あまり納得できないと思われるかもしれない。これは単に、誰が自分自身の不誠実さを認めるのか、あるいは誇張するのか、という問題なのだろうか？　いや、実際はそういう問題ではない。学生のルームメイトや親友、彼氏／彼女からの観察者報告を用いて学生のパーソナリティを測定しても、H因子の低さはやはり窃盗の自己報告と関係があるのである。そしてこうした窃盗の自己申告は、窃盗と明らかに関連するとは言えないような側面も含め、低いH因子のあらゆる側面に関連している。非常に多くの窃盗をする学生は、たいてい自分は他人より優れていると考え、人を操るのが好きな人たちなのである（参加者による過去の不正行為の自己報告に基づかない研究としては、コラム⑯に示した不正行為を直接観察することを試みた研究がある）。

低いH因子は窃盗（および、より一般的な犯罪や非行）とかなり強い関連があるが、この関連は完全なものとは言い難く、これにはいくつかの理由が挙げられる。低いH因子の人の中には何回か窃盗する機会

コラム 16
心理学実験室での不正行為

最近の研究で、ハル・ハーシュフィールド（Hal Hershfield）、タヤ・コーエン（Taya Cohen）、レイ・トンプソン（Leigh Thompson）らはHEXACO-PI-Rの自己報告で測定されるH因子の高さによって実験室課題における不正行為を予測できるかどうかを調査した。この研究者たちは、学生の実験参加者に一連の八つのアナグラム課題（例えば、EFLWORの問題に対してFLOWERと回答する）を解くように求めた。参加者は、アナグラムを一つ解くごとに50セントの報酬をもらえるようになっている。ただし、アナグラムは順番に解いていくことがルールとして定められた。つまり一つ目のアナグラムを解いてから二つ目のアナグラムを解き、二つ目を解いてから三つ目のアナグラムを解くというように、参加者は順番に解かなければならないのである。この実験の仕掛けは、二つ目と七つ目のアナグラムがほとんど解けないようになっているということであり、これらのアナグラムはほとんどの学生が知らない極めて珍しい単語（MENALD、CAPRICなど）であった。

課題が始まってから15分後、参加者はそれぞれ解いたアナグラムの問題を数え、封筒から対応する額の現金を受け取るという自己申告式の支払い方法で報酬を受け取った。参加者は匿名で参加し、解いた問題の数を確認されないため、不正をしたい参加者は自由に行うことができた。ただし、二つ目と七つ目のアナグラムは基本的に解けないため、2〜6問を解いて報酬を受け取った参加者は1回、7〜8問解いて報酬を受け取った参加者は2回不正をしたはずだということがわかるようになっていた。

その結果、低いH因子の参加者は、アナグラムを解く対価を得る際に不正を行う傾向にあることが明らかにされた。H因子と不正行為の相関は約マイナス.35であるが、このような特定の状況（加えて言えば、極めて賭け金が低い状況）や特定の機会における不正行為には他の多くの変数が影響し得ることを考えると、実はこの値は驚くほど大きい。*2

のある人もいれば、十分に金持ちだと感じているために窃盗をする動機がほとんどない人もいる。そして多くの低いH因子の人たちは、窃盗に対してその実行を慎重にさせるような他のパーソナリティ特性を持っている。4章で述べたように、誠実性（C因子）と情動性（E因子）が低く、H因子も低い人は犯罪を行う可能性が高いが、C因子とE因子が高く、H因子が低い人は自分の不誠実さをより慎重に現すのである。

その一方で、H因子の高い人たちの中にも、ときどき不正行為をする人たちがいる。というのも、H因子の非常に高い人だけが自己中心的に行動するように促されるような状況があるのである。その状況下では、不正行為は他の特性と比較しても低いH因子によってあまり動機づけられることがない。そのような場面としては、例えば、自分では盗み（あるいは詐欺行為など）をしようと思わない若者が、同調圧力に屈してしまうかもしれない。あるいは、そのような犯罪を行う内発的な動機がない若者が、純粋に親や権威者に対する反抗の行為としてそのような犯罪を行うかもしれない。このようにさまざまな状況があるため、ある不正行為が、その行動をした人のH因子が低いために引き起こされたと必ずしも断定することはできないのである。他にも例を挙げれば、H因子の高い人の多くは、自分や親族が空腹だったり寒かったり病気だったりすると、絶望の末に盗みを働くだろう。このような状況に直面する学生はほとんどいないが、ある行動がある状況下でパーソナリティ特性の影響を強く受けることがあっても、同じ行動が別の状況下ではそのパーソナリティ特性とはほとんど無関係になる可能性があることを覚えておいてほしい。

あるパーソナリティや行動を研究する方法によっては、状況的な影響を統制することで、H因子の低さとさまざまな不正行為の間の関連性の強さを十分に確認することができる。おそらくこのようなアプローチで最も優れているのは、自分の利益のために不正行為に手を染めるような場面を描いた仮想的なシナリオに回答してもらうことだろう。このようなシナリオの特徴を適切に表現することで、捕まる危険も、本当に絶望的な状況も、協力するか裏切るかのプレッシャーもない、典型的なデフォルトの状況で、人々がどのように行動するかを知ることができる。また、このアプローチによって、ほとんどの人が犯す機会のない不正な行動とパーソナリティとの関係を知ることができるのである。

そのような不正の一つに、会社の利益のために犯罪を行う「企業犯罪」がある。このような不正行為は一般的な犯罪とは異なる点があるため、興味深い。一般的な窃盗や強盗とは異なり、企業犯罪は通常、収入が高く、教育歴のある、職業上の地位の高い人たちによって行われる。また、一般的な窃盗や強盗に比べて、多くの人から多額の金銭を巻き上げることが多い。

大規模な企業犯罪を行う立場になる人はほとんどいない。しかし、その機会があればどれだけの人が企業犯罪を行うのだろうか？　そして、そのような犯罪を行おうとする意思に、パーソナリティ、特に低いH因子がどの程度関係しているのだろうか？　私たちは数百人の大学生を対象に、企業の経営者役になるようなシナリオに回答してもらうことで、企業犯罪とパーソナリティの関係を調査してきた。各シナリオでは、汚職、公衆衛生や安全を脅かすリスク、環境破壊、といった非常に非倫理的な方法で会社の利益と回答者の収入を最大化することのできる機会が描写されている。以下はその一例である。

あなたは世界各国に通信機器を輸出している大企業の営業担当者です。最近、あなたは近代化が始まったばかりの発展途上国、インポヴェリアに新しい通信システムを供給する契約を獲得しようとしています。

インポヴェリアの大統領および内閣との交渉の結果、あなたの会社の入札額は最低ではなく、競合他社である2社の入札額のほうがより低い入札額であることが判明しました。しかし、大統領と閣僚は、インポヴェリア政府から受け取る金額の5％を、スイスにある大統領や閣僚たちの銀行口座に送金するということに同意するなら契約をしようと言ってきています。この5％の賄賂を考慮したとしても、この契約であなたの会社はかなりの利益を上げることができ、それを実現したのはあなただと思われることは明らかです。

あなたは、自分の会社にこの条件に同意して契約することを促しますか？

（1）絶対にしない　（2）おそらくしない
（3）おそらくする　（4）絶対にする

さて、道徳よりも利益を優先する学生はどのくらいいるのだろうか。ほとんどのシナリオで「おそらくする」、「絶対にする」と答えたのは約15％であった。その反対に、ほとんどのシナリオで「絶対にしない」と答えたのは約15％であった（残りの70％は、主に「おそらくしない」と答えた。これはどちらかと言えば倫理的な選択肢のほうに傾いているが、未来の企業リーダーにそうしてほしいと望むほどには強くないことを意味している）。

また、学生のパーソナリティについてはどうだろうか。自己報告、および友人やルームメイト、恋愛相手からの観察者報告によって、彼らのＨＥＸＡＣＯ因子の高さが測定された。公益を犠牲にしてでも私益を得たいと考える学生のうち、約4分の3はＨ因子が平均以下であった。一方で、最もそう考えない学生のうち、約4分の3はH因子が平均以上であった[*3]。

もしかするとこの結果は、ビジネスにおいて非倫理的な決断をする学生の数を過大評価しているかもしれない。結局のところ、これらの状況は仮定のものであり、公衆への危害や刑事訴追のリスクは現実には何もなかったからである。しかし、その一方でこの状況には実際に金銭を失うリスクが含まれていない。そのため、もしかすると、現実の状況においてはもっと多くの学生が道徳よりも金銭を優先させることになるのかもしれない。

非倫理的な企業の活動は、今日の市場経済において低いH因子の人たちが自身のパーソナリティを現す一つのありようである。しかし、市場経済は低いH因子の人の利己主義的な行動をある程度抑制する。なぜなら、彼らの多くが、他人が欲しがるものを生み出すことによってでしか自身の欲を満たすことができないからである。法執行が十分になされており、犯罪が一般に処罰されるとき、そして人々が労働と財産を自由に交換できるとき、大金持ちになる唯一の確実な方法は、他人が買ってくれるような財やサービスを提供することである。アダム・スミスの言葉を借りれば「我々が夕食を期待するのは、肉屋、醸造業者、パン屋の慈悲からではなく、彼ら自身の自己利益に対する注目からである」[*4]。スミスの自由市場の素晴らしさは、少なくとも原理的には、泥棒となる人物も大権力者となる人物も生活のために働かなくてはならないということにあり、それは食品加工業も例外ではない。

しかし低いH因子の人たちは、市場経済を統治する法規の背景にある精神、さらには実際に書いてあることさえも通り抜ける抜け穴を見つけるのである。低いH因子の本質は他者から搾取することによって利益を得ようとすることであり、したがってそのような人たちは、多かれ少なかれ巧妙に経済取引において常に不正を行おうとするのである。

「買い物をするものは用心を心がけよ」という原則を念頭において販売する人は、ビジネスを行う上で低いH因子の方略に従っている。中古車のセールスマンや怪しげな建築業者のステレオタイプを考えてみよう。また同様に、人を騙して不利な取引をさせる人は低いH因子の典型的な方略を使っていることになる。その好例が略奪的な融資であり、貸し手の目的は、返済不能になりそうな借り手の資産を差し押さえることにある（収入を偽って借り入れをしたり、返済不能になったら簡単に逃げようとしたりするのも同じようなことだ）。さらに、低いH因子の人のもう一つの手口は、コストを第三者に転嫁し、自分のビジネスに関連する「外部性」を一般大衆に支払わせることである。この典型的な例としては、有毒廃棄物を投棄する事業主、中毒性の薬物や殺傷力のある武器を販売する事業主がある。

脱税は、低いH因子の人たちが市場経済を弱体化させるもう一つの手段である。税率は国によって異なるが、どの社会も国民が重要視する公共財を賄うためにいくらかの税金を集めなければならない。低いH因子の人たちは、合法的であっても法の背景にある精神に反する方法で脱税したり、税金を回避したりする人が過度に多いのである。例えば、多くの国の所得税法では一般的にさまざまな免税や控除が認められている。これらの中には、事実上誰もが実行する明白なものもあれば、一生懸命探した人だけが発見できるわかりにくい抜け道もある。つまり、税金を払わないようにする人から脱税をしない人に、税金の負担が転嫁されているのである。これが意味するのは、結局、社会的責任感が自分自身の欲求に勝るような高いH因子の人は、低いH因子の人を補助しているということである（高いH因子の人の中には、そのお金が、例えば侵略戦争への助成などの不道徳なことに使われるからという理由で公然と納税を拒否する人も

コラム 17

H因子とフリーライダー問題

ドイツで行われた最近の研究は、低いH因子の人におけるフリーライドの問題をうまく描写している。ベンジャミン・ヒルビッヒ（Benjamin Hilbig）、インゴ・ゼトラー（Ingo Zettler）、ティモ・ヘイダッシュ（Timo Heydasch）らは「公共財ゲーム」における人々の行動を調査した。[*5] このゲームでは各人に初期段階でポイントが与えられ、各人は自分のポイントを任意の数だけ共通プールに寄付することができる。そして共通プールに寄付されたポイントの合計は2倍された上で、各人の寄付の度合いに関係なく、全員に等しく分配される。

ここで重要なのは、全員が共通プールに多く寄付することで、グループ全体として最良の結果がもたらされるということである。しかしながら、誰もがフリーライダーになる衝動に駆られる。つまり、自分のポイントを保持したままで他人の寄付から利益を得ようとする衝動に駆られるのである。このように公共財ゲームは、税金を払う、ゴミを捨てない、公共交通機関の料金を払う、干ばつ時に芝生に水を撒かないといった現実のさまざまな場面における本質的な要素を含んでいる。

ヒルビッヒ、ゼトラー、ヘイダッシュらは、H因子が非常に低い人は平均して30%強のポイントを寄付し、H因子が非常に高い人は平均して70%近くを寄付することを見いだした。この結果をもとに、（1）H因子が平均以上の人のみ、（2）H因子が平均以下の人のみ、でそれぞれ構成される集団ではどうなるかを計算すると、H因子が高い五人の集団では、H因子が低い五人の集団よりも集団全体の利益が約25%高くなることが示された。

高いH因子の人々のコミュニティは、低いH因子の人々のコミュニティよりもはるかに効果的に機能することは容易に想像がつくだろう。高いH因子の人々の社会全体がどのようになるのかについての推測はコラム⑱を参照されたい。

いる。ただし、税金を払わない人たちの多くがソローやガンジーからインスピレーションを受けているとは思えない）。また、H因子の低い人たちのフリーライドは脱税に限らない。生活保護不正受給や障害者保険不正受給のように、本当は受け取るべきでない給付を請求するのはH因子の低い人たちなのである。

低いH因子の人たちは、市場経済の理想に完全に適合していたとしても多くの害を及ぼすことがある。低いH因子の特徴の一つである誇示的消費について考えてみよう。一見すると、これはあまり大きな社会問題ではないように思えるかもしれない。低いH因子の人たちが高価で派手なおもちゃにお金を浪費するのを果たして誰が気にするのだろうか？　しかし、誇示的消費の中には、すべての人にとって有害な結果をもたらすものがある。

経済学者のロバート・H・フランク（Robert, H. Frank）は、この問題を次のように説明している。[*6] まず、人々はある種の商品について他者より高いものを買おうとする。それは、単に自分が他者より良いものを持ち、また持っていると見られるようにするためである。例えば、車や家、洋服、宝石、家具、レストランの予約などでは、人は一番いいものを求めたがるものである。しかし、例えば保険にお金をかけるときにはこのような競争はしない。このため、人々はいわゆる地位財にますます多くのお金を使うという支出競争を引き起こす。そしてそのお金を得るために人々は多額の借金をしたり、余暇の多くを犠牲にしたりする。また、道路や学校、病院などの公共財に使われる税金の引き下げを要求することもある。しかし、消費が拡大しても消費競争における各人の相対的な地位はほとんど変わらないので、人々が幸せになることはない。平均してみれば、私たちは決して隣人を追い越すことはないのである。

さて、もし高いH因子の人たちがこの競争から完全に逃れることができれば、その弊害の多くを回避することができるだろう。しかしそうはいかない。低いH因子の人たちが投機的なバブル（2000年代の不動産バブルなど）を作ると、その結果、低いH因子の人たちも高いH因子の人たちも等しく失業する原因となる経済危機が発生する。また、高いH因子の人たちは見せびらかすことに関心がないにもかかわらず、高級品への支出競争は、ほとんどの高いH因子の人たちにより多くのお金を使わせることになる。例えば、低いH因子の人たちが見栄を張ってどんどん大きな車を買うと、小さい車を買いたい高いH因子の人たちは交通事故で死亡するリスクが高いと感じ、大きい車を買わざるを得なくなることがある。また、低いH因子の人がビジネススーツにお金をかけると、高いH因子の人はベーシックなスーツを買えばいいのに、面接で相手にされなくなり、「成功するための服装」を心がけざるを得なくなることもある。

権力

アクトン卿（Lord Acton）が権力は腐敗すると言ったが、それは話の半分を見落としており、権力は腐敗者を引き寄せもするのである。低いH因子の人たちは権力を渇望し、さまざまな仕方でそれは現れる。ルー・ゴールドバーグ（Lew Goldberg）がオレゴン州の成人を対象に行った際の質問紙調査に含まれていた「私は他の人より権力を持ちたい」という単純な項目について考えてみよう。この項目に強くそう思わないと回答した人のうち、大多数（80％以上）はH因子の高さが平均以上であり、そう思う、または、強くそう思うと回答した人のうち大多数（こちらも80％以上）のH因子の高さが平均以下であった。

このオレゴン州の成人のサンプルからは、低いH因子と他の人よりも多くの権力を望む欲求との別の関連性も浮かび上がってきた。ゴールドバーグは「キャンベル興味・技能調査（Campbell Interest and Skill Survey）」と呼ばれる検査を実施したのだが、この検査はさまざまな職業に対する興味・関心を査定し、その回答がその職業に就いている人とどれだけ一致しているかを示す検査である。例えば、質問紙に対する回答パターンが会計士に近ければ「会計士」の得点が高いということになる。この検査にはそのような職業として59種類があるのだが、その中でH因子の低さと最も強い関連性を示したのは「CEO／社長」の尺度であった（相関係数は約マイナス.35）。つまり、CEO／社長は倫理観の高い人が多いにもかかわらず、平均的なCEO／社長はH因子の低い人と同じような興味・関心を持っているようだ。

おそらく人間社会の中心的な問題は、権力を最も欲している人たち、すなわち低いH因子の人たちが、権力を欲するとともに権力を最も乱用しやすいということだろう。民主主義や小さな政府は、この問題への有効な対策になり得る。民主主義は有権者が望むものを与えるという信頼できる約束をすることによってのみ権力を得ることができ、その約束を果たしたと有権者を説得することによってのみ権力を維持することができる。また、どのような小さな政府のシステムであっても、他の省庁や部門の政府がチェック機能として働くため、持つことのできる権力が限られるのである。

しかし、民主的で小さな政府を享受している国でも、低いH因子の人たちが人を騙すことで権力を獲得し、その権力を乱用することがある。権力を求めるとき、熟練した政治家は有権者をうまく欺く。そして政治における欺きは、市場における欺きよりも厳しく規制されていないのである。例えば、政治家候補による広告は一般に商業広告を規制する法律の適用を受けないし、政治家候補による約束は一般に正式な契約としては扱われない。実際、完全に人を欺かないことは、政治家として成功する上で致命傷になり得る。

人々が聞きたくないことを話すような政治家は、おそらく長くは続かないだろう。

政治家もその政策を遂行する公務員も、いったん権力を握れば、罪を免れる範囲内でその権力を私利私欲のために利用することができる。汚職の少ない国でも、政治家や役人が賄賂や報酬を受け取ったり、仲間に契約を結ばせたりするスキャンダルはときどきある。また、政治家や官僚が仕事上の経費ではなく、個人的な経費として高額な請求をするような公的資金の不正使用もある（もちろんこのようなことは民間企業でも起こるし、非営利組織でも起こることがある）。

しかし、政治指導者や政府高官による権力の乱用は個人的な汚職にとどまるものではない。最も壮大で恐ろしい乱用は、攻撃的な戦争やその他さまざまな大量殺人に関わるものである。低いH因子の人が根本的に誰からも抑制されないような権力の座に就き、その人間が何らかのイデオロギーに突き動かされている場合、その結果はしばしば恐ろしいものになる。ヒトラーやスターリンのように極端な場合には、罪のない人たちの命が何千万と奪われるかもしれない。

ここで、もっと些細な規模の権力について考えてみよう。現代社会では、経済力は政府だけに集中しているのではなく、民間にも分散している。何世紀にもわたって経済活動を営む企業では、多くの職位の低い労働者が、どんな手段を使ってでも出世しようとポジション争いに明け暮れている。政治家が有権者に都合の良いことを言うように、多くの労働者がイエスマン／イエスウーマンとなり、指導係や上司の機嫌を取りながら出世を目指すのである。しかし、低いH因子の労働者が出世するために使う方略は「ヨイショ」や「お世辞」だけではない（5章の「職場における印象管理」の話を思い返してみよう）。彼ら／彼女らは他にも、マキャベリアン的な方略をより幅広く実践している。というのも、彼ら／彼女らの中には、少なくともその大部分が他人の努力と才能に起因する成果であるにもかかわらず，それを自分の手柄にする者もいるのである。さらに，彼ら／彼女らの中には同僚の仕事を不当に批判したり，事実かどうかにかかわらず不愉快な噂を流したりしてその評判を落とそうとする者もいる。その上，彼ら／彼女らの中には現在または将来のライバルになりそうな者を脅し，威嚇する者もいる。

このような職場におけるマキャベリアン的な方略の例は，小学校から大学の授業に至るまで，すべての学校においても見られるものである。教師に気に入られることが目的である場合もあるが，多くの生徒や学生が最も関心を寄せるのは仲間内での自分の地位である。そして低いH因子の若者がここで他人をいじめる機会を多く見つけることがある。[*7] それはあからさまな身体的威嚇（一般に男子が好む種類のもの）の場合もあるが，より巧妙な社会的排除の策略（おそらく男子よりも女子のほうが巧みに，しかも数多く実行している）の場合もある。非常に低いH因子の人たちにとって社会的関係はゼロサムゲームであり，そこでは地位を獲得するためにあらゆる方略が正当化されるのである。

セックス

セックスは，人々が喜びを与え合う分野であると同時に，人々が非情に搾取し合う分野でもある。現代国家は一般に，性的暴行や児童への性的虐待など，一部の低いH因子の人たちが犯しそうな最悪の性的搾取を制限する法律を備えている。しかし低いH因子は，ほとんど犯罪に近いような性的関係における搾取にも関わっている。

卑劣な人間の考え方である「愛してから去る」（もしくは、「f」で始まる言葉を使った、より直接的な表現）、について考えてみよう。この典型的な話としては、ある人（ほとんどいつも男性）が、他の人（ほとんどいつも女性）から性的な好意を得るために、偽りの愛情や偽りの約束を利用するのである。こういう男性は愛しているふりをして、セックスをさせてもらうのだ。これは低いH因子の典型的な行動であり、少なくともある条件下では、低いH因子の傾向を次の世代に伝播させることになる。すなわちプレイボーイとして成功すると、実際に子どもを育てたり何らかのかたちで養ったりすることなく、多くの母親から生まれた多くの子どもの実父としての人生をまっとうするのである。

低いH因子の男性による別の搾取としては、一夫多妻制、すなわち複数の妻を持つ男性と未婚のままの男性がいるような制度が挙げられる。なお、一夫多妻社会における女性の地位は一般に低いが、すべての女性が一夫多妻制に反対しているわけではない。ジョージ・バーナード・ショウの言葉を借りれば、複数の妻を持つ男性が「一流」であると仮定すれば、女性は三流の男性の全財産よりも一流の男性の10分の1の財産を好むかもしれないのである。しかし、一夫多妻制は、何らかの理由で結婚できない一夫多妻社会の男性が著しく搾取されるものでもある。一夫多妻社会では、多くの男性が妻子を持つ見込みがなく、家庭生活を営むことができない。このことは、複数の妻を得る男性が低いH因子でなければならないとは言わないが、低いH因子の男性がこのような制度を最も支持していることは確かである（7章の社会階層を好む人はH因子が低い傾向にあることを思い返してみよう）。

また、一夫一婦制の場合に配偶者を騙すというのも搾取の一種である。H因子が低い人たちは男性でも女性でも、配偶者の信頼を裏切りたくないという倫理的な理由で浮気を思いとどまることはあまりないだろう。もし、よりセクシーな人、すなわち身体的に魅力的な人、あるいは地位の高い人と関係を持つ機会があれば、低いH因子の人たちはその機会を逃さない可能性が高い。このことは、低いH因子と不倫とが完全に関連すると言っているわけではない。低いH因子の人たちの中には、婚外恋愛にあまり興味がなかったり警戒心が強く疑い深い配偶者の反応を警戒しすぎたりする人もいるだろうし、高いH因子の人の中には、配偶者が十分に不親切だったり結婚生活が十分に不幸だったりすると、不倫をしてしまう人も少なからずいるのだ。しかしH因子が非常に低い人たちの場合、その設定のデフォルトは、配偶者を裏切ることをいとわないというものである。

低いH因子の人たちと高いH因子の人たちとでは、特に男性において性的な遍歴が異なる傾向がある。低いH因子の人たちは高いH因子の人たちに比べて短期的な交際が多く、また他人のパートナーを奪おうとすることも多く、セックスパートナーの数も多い。私たちのある研究では、大学生に今後5年間に自分が何人のセックスパートナーを持つと現実的に考えているかを尋ねたことがある。その結果、約10%の男子学生が9人以上のセックスパートナーを持つだろうと答え、そのうちの約4分の3がH因子の平均を下回っていたのである。[*8] 他のどのパーソナリティ因子も、予想されるセックスパートナーの数についてH因子よりも優れた予測因子ではなかった。このことは、低いH因子の男性が必ずしも多くのセックスパートナーを持つことを意味しているわけではないが、私たちはおそらくある程度はそうなるのではないかと予想している。しかし、彼らがより多くのパートナーを期待し、またより多くのパートナーを持ちたいと考えていること自体が興味深いことである。

前述したように、性的満足を得るための手段として不誠実な愛情を利用する卑劣な人間の典型パターンを用いるのは、ほとんどが男性、つまり低いH因子の男性である。おそらく女性の場合、その卑劣な人間に相当するのは思わせぶりな女性であろう。このような女性は男性から金銭や宝石のプレゼント、学校や会社での仕事の手伝いなどさまざまな利益を得るために、性的関係を持てるという誤った期待を抱かせる。H因子の低い女性にとって、セックスや愛情は男性を操り、自分の欲しいものを享受するための道具なのだ。また、金目当ての女性も低いH因子の女性の権化である。彼女らは、後で離婚するつもりであろうとなかろうと、夫となりそうな人の富や地位を得るためだけに結婚しようとする。H因子の低い女性（特にE因子も低い女性）にとっては愛のために結婚するという考えはばかばかしいほど甘く、金のために結婚するという考えは単なる常識にすぎない。

また低いH因子は代償型のセクシャルハラスメントにおいても重要な役割を果たす。代償型のセクシャルハラスメントの典型は、権力者（通常は男性）が、権力に劣る者（通常は女性）から昇給や昇進など何らかの報酬と引き換えに性的な接待を得ることである。「報酬」は、単に解雇など何らかのペナルティを回避することである場合もある。

私たちはある研究プロジェクトにおいて、代償型のセクシャルハラスメントをする人としない人のパーソナリティを比較した。[*9] この問題を研究するにあたり、私たちは代償という方程式の「両側面」を調べたいと考えた。つまり、性的な接待と引き換えに報酬を提供する人たちのパーソナリティ特性とは何なのだろうか？　そして、報酬と引き換えに性的な接待を承諾する、あるいは提供する人たちのパーソナリティ特性は何なのだろうか？

これを明らかにするために、大学生の男女に2組のそれぞれ関連するシナリオを考えてもらった。その一例が以下のようなものだ。

あなたは政府の高官です。あなたは現在、政府の大型契約の締結について意思決定を行っており、この契約をめぐって複数の企業が競合しています。あなたはこれらの企業のうちの1社の担当者に非常に強く惹かれており、この人は契約を獲得することに非常に強い意欲を持っているようです（これは、この担当者にとって契約を獲得することが重大な任務であることを意味します）。実のところ、あなたはこの人物が政府の大型契約と引き換えに性的な接待をすると確信しており、また、この性的な接待を享受して契約を結んだとしても、捕まることも罰せられることもないと確信しています。

この担当者に、性的な接待と引き換えに契約書を渡しますか？

（1）絶対にしない　（2）おそらくしない

（3）おそらくする　（4）絶対にする

ここで、上記と同じ状況を想像してみてください。ただし、あなたは政府関係者ではなく、企業の担当者です。あなたは性的な接待と引き換えに契約を結び、重大な任務を果たすことができます。そして、この取引はおそらく誰にも発覚することはないでしょう。

あなたは契約と引き換えに、性的な接待をしますか？

（1）絶対にしない　（2）おそらくしない

（3）おそらくする　（4）絶対にする

ご覧のように、最初のシナリオは性的な接待のために報酬を交換したいかどうかを評価し、2番目のシナリオはその逆を評価している。企業の担当者が絶望的な状況にあるというわけではないことに注意しよう。私たちが測定したかったのは、自分の基本的な欲求が十分に満たされている場合でも、性的な接待と何らかの実質的な報酬を交換しようとするかどうかである（私たちは、普段は性的な接待によって利益を得ようとしない人でも、他に選択肢がないと思われる場合には性的な取引をしようとするかもしれないと考えた。例えば、仕事を失うという危機に直面したシングルマザーの場合を考えてみよう）。

参加者のうち、こうした性的な取引をしようとした人はどのくらいいたのだろうか？ そのような人は少数派ではあったが、ある程度まとまった少数派でもあった。上記の各シナリオについて、「絶対にしない」と答えたのは女性の約4分の3、男性の約2分の1、「おそらくする」、「絶対にする」と答えたのは女性の1割弱、男性の約2割であった。このように男性は女性よりも性的な取引の考え方を受け入れやすかったのだ。

この結果は意外なものではなかったが、予想外だったのは二つのシナリオの回答パターンにほとんど差がなかったことである。私たちは、男性は報酬と引き換えに性的な接待を受けることに比較的積極的であり、女性は性的な接待と引き換えに物質的な報酬を受けることに比較的積極的であると予想していたのである。しかしながら、二つ目のシナリオで女性のほうが一つ目のシナリオよりも若干「はい」の回答が多かったことを除けば、この証拠はほとんどなかった。

性的な取引をする人たちとそうでない人たちとでは、パーソナリティにどのような違いがあったのだろうか。最も大きな違いは、H因子にみられた。性的な取引を絶対にしないと回答した人はその3分の1程度の人たちしかH因子の平均値を下回っていなかったが、性的な取引をおそらくすると回答した人たちは、その4分の3以上が平均値を下回っていたのである。他のHEXACO因子では、これほど大きな差を示すものはなかった。六つの性格次元のうち、性的な取引を行う可能性を最もよく予測するのは、H因子である。

お金、権力、セックスの分野で見てきたように、H因子の低い人たちとのつき合いはどれほどよく見積もっても不愉快なことが多い。次の章では、低いH因子の人たちをどのように見分けるのか、そして彼らに対してどのようにふるまえばいいのかのアドバイスをしよう。

コラム 18

フュートピア（Hutopia）？

H因子が非常に高い人が多く、低い人がほとんどいない社会を想像してみよう。そのような社会はどのようなものだろうか？ この問題については、高いH因子と低いH因子の人の特徴や政治問題への意識に関する質問の回答から推測することができる。

第1に、自由であり、民主的であることが挙げられる。高いH因子の人々は権力を渇望してはいないし、誇大妄想者をリーダーにしたいとも思わないだろう。高いH因子の社会では、市民の自由は強力で、政府の権限はさまざまなレベル（連邦、州・県、地方）と部門（行政、立法、司法）に広く分散される。政治家や公務員の腐敗は極めて稀であろう。

第2に、平等主義的であることが挙げられる。高いH因子の人々は物質主義や誇示的な消費を避け、社会階層を嫌う。したがって「富裕」と「貧困」の差が非常に少ない社会となる。例えばCEOの給料は一般労働者の数倍で、数十倍や数百倍にはならない。また、高いH因子の社会では「フリーライド」がほとんどないため、貧困世帯や失業者に対する政府からの直接的な給付、公的資金による医療、教育、老後年金などの広範囲にわたる全般的な社会福祉プログラムを納税者は喜んで支援するだろう。そしてこれらのプログラムは所得や資産に対してではなく、主に過剰消費に対して課されるかなり高い税によって賄われることになるであろう。*10

第3に、倫理的に厳しいということである。高いH因子の人々は、何をもって倫理的行動とするのかについて高い基準を持っており、それは高いH因子の社会の法律にも反映されるだろう。このような社会では、個人を搾取したり、世界に負の外部性を及ぼすような活動を規制したり、犯罪とみなしたりする閾値が低く設定される。例えば、公害、中毒性のある薬物、ギャンブル、武器、（身体的・経済的に）危険な商品、動物の搾取などを厳しく取り締まるだろう。また、高いH因子の社会では、搾取や負の外部性に対する懸念が過保護国家の規制に対する懸念を上回ることが多いだろう。例えば、性行動に対する考え方は必ずしも慎重であるとは限らないが、搾取に対する懸念から、ポルノや売春にはかなり厳しい規制がかけられるだろう。また、武力行使や詐欺などの典型的な一般犯罪を取り締まる法律も厳格に施行されるだろう（しかし、厳密な施行は恣意的な警察権力や残忍な刑罰を意味するものではなく、それはいずれも高いH因子の社会の人々にとって魅力的ではないことに注意しよう）。

第4に、博愛的である。高いH因子の人々は支配するよりも協力することを望み、そのような人々の社会は他者に自分の意志を押しつけようとすることなく、かなりの人道的・開発的援助を行うだろう。高いH因子の社会は平和主義寄りであるが、市民間の信頼と結束が高いため自衛の意識も高い。しかし、高いH因子の社会はその生活の質の高さゆえに、高いH因子の移民だけでなく低いH因子の移民をも呼び込む可能性があり、自分たちの成功の犠牲者ともなり得る。

●注

1 H因子と窃盗との関連性はさまざまな国で示されている。私たちの共同研究者であるレインアウト・デ・フリース（Reinout de Vries）との共同研究でもカナダ、オーストラリア、オランダの大学生を対象に同様の結果が得られている（Lee, Ashton, & de Vries, 2005）。

2 Hershfield, Cohen, & Thompson（2012）.

3 Ashton & Lee（2008）; Lee, Ashton, Morrison, Cordery, & Dunlop（2008）.

4 Smith（1776）.

5 Hilbig, Zettler, & Heydasch（2012）.

6 Frank（1999）.

7 Book, Volk, & Hosker（2012）.

8 Bourdage, Lee, Ashton, & Perry（2007）.

9 Ashton & Lee（2008）; Lee, Gizzarone, & Ashton（2003）も参照。

10 累進的消費税については Frank（1999）を参照のこと。

10章

H因子の低い人たちの見分け方――そしてつき合い方

正直さ‒謙虚さ（H因子）の低い人々を見分ける技術というのは、便利なものだ。どんな人々がH因子の低い人々であるかを見分けることができれば、数分後であろうが何年後であろうが、H因子の低い人々から搾取されることを避けるための、より良い準備が整っていることになる。幸いなことに、H因子の低さを示す特性のすべてが明らかに望ましくないものであるというわけではないため、H因子の低い人々は、パーソナリティの嫌なものではない側面までは隠そうとはしない。

もしあなたがだれかのH因子のレベルを非常に正確に把握したいのであれば、さまざまな状況や多くの場面で表出される、H因子に関連するありとあらゆる特徴を観察する必要がある。その人のとるさまざまな行動を幅広く観察し、そうした行動が生じるさまざまな文脈を理解してはじめて、あなたは自信を持ってH因子の高さの評価を正当なものであると考えることができるだろう。あなたの第一印象は誤ったものであるかもしれないし、特に（ポジティブなものであるかネガティブなものであるかにかかわらず）偏見をその人に持ちはじめている場合には、切り離されたほんのいくつかの出来事への不確かな観察に基づいて、容易にその人を誤診してしまう。そうは言っても、時間的に余裕がなく、搾取されるのを避けることが重要である場面はたくさんあるだろう。そのような場合には、自分が持っている情報を利用するとともに、相手のH因子のレベルを高く見積もることはやめておいたほうがいいだろう。

この章では、H因子の低い人々を見分けるために役に立つ兆候について論じていく。しかし、まずはじめに、H因子が高いことを意味していると世間一般に考えられているかもしれないが、実際にはH因子が高いことを意味していない兆候をいくつか挙げておこう。

H因子の高さの兆候として妥当でないもの

●高い社会的地位

社会的地位の高さとH因子の関連性は過剰に見積もられがちである。多くの人々は、言葉遣いが上品で、身だしなみが整っていて、行儀の良い人は、善良であるはずだと考えている。社会的地位の高さを示すこれらの外見上の兆候は、おそらく自制心のレベルがそれなりに高いことを示している。少なくとも、社会的に望ましいものとされている行動を理解し、それに従ってふるまうことができる人である。反対に、口汚くて無礼で概して恐い人であれば、その兆候は明らかに善良であることを示していない。この問題は、H因子の低い人々が実際にはそれなりのレベルの自制心を持っているということだ（4章を思い出してみよう）。そして、H因子の低い人々の中には、社会によく溶け込んでいるように見せることで、他者を利用することがはるかに容易となることを理解している（他人から見て怪しげであるほうが他人を騙すことは難しくなる）。見かけ上きちんとしていることは、あてになる指標ではない。

また、立派な社会的地位にはH因子の高い人が就いているものだと考えるのも、同様に賢明な考えではない。立派な職業に就き、地域社会で重要な役割を果たし、祭事に毎回参加している人がいたとしたら、おそらくその人はそれなりの自制心を持っているのだと私たちは考えるはずだ。しかし、ここでも先ほどと同じことがあてはまる。H因子の低い人々の多くは、非常にうまく社会的に関わりあうことができるし、高い地位に就くことを目指す。

●反同調性

高い社会的地位の裏返しにあるものが、おそらく反同調性だろう。これは、他の人々と明らかに異なる存在になろうとしたり、慣習に反抗することで注目を集めようとしたりする計算ずくの努力を意味している（この反適合性は、自分らしくいることがたまたま他人と違っていただけというような自然な非同調性とは対照的なものだ）。例えば、奇抜な服を着ている人々は、単に自分の好みを表現しているだけかもしれないし、特別な存在に見えるように意図的に演出しているだけかもしれない。要点は、反同調性と本物は別物であり、必ずしもH因子が高いことを示すものではないということだ。

●宗教的な信心深さ

8章で説明したように、純粋に信心深い人々は全体としていくぶんH因子が高いが、宗教的な行事に出席したり、宗教の祭典に参加したりするなど、自身の宗教性を公に示す人々の中には、単に、立派であるイメージを作り、コミュニティの中での地位を維持することを目的としているだけのH因子の低い人々もいる。要するに、宗教への献身を示す見かけ上の兆候は、高いH因子を持つことの信用のおける指標にはならないのである。

●弱者への支援

社会的弱者や虐げられている人々を声高に擁護する人々がおり、その多くは社会正義を推進したいという真摯な思いに突き動かされている。しかし、こうした弱者を擁護する人々の中には、こうした活動が単に高い地位を得るための手段でしかない人々もいる。社会的弱者を擁護する著名な人物を見ても、その人がH因子の高い理想主義者なのか、H因子の低い日和見主義者なのかはすぐにはわからない。

●無遠慮な批判

他者を批判するときには時おり、人々は自身が正直であることを前置きしてから批判することがある。「正直に言うと……（ここに他者を傷つける欠点の要約が挿入される）。私はただ正直に言っているだけなんです」。さて、時にはこうした批判が正当化されることもある。建設的なものであり、純粋に受け手のためになるものであることさえもある。しかし、人々の中には、厳しいコメントを言う習慣を美徳にするために、正直であることを利用する人々がいる。他者を批判するための敷居を低くする行いは、たいていの場合、高いH因子を持つことの兆候ではない。むしろ、それは一般には協調性（A因子）の低さの現れであり、聞き手の自尊心や第三者に対する尊敬の念を損ねる意図がある場合は特に、低いH因子を持つことを示唆するものである可能性もある。

●寛容さを見せびらかす

自分の財産を立派な目的のために捧げる人は、表面的には、明らかにH因子の高い人々だと思われるだろう。しかし、実際には必ずしもそうではない。むしろ、その慈善行為が人の目に入ることを目的としているかどうかで大きく変わってくる。もしも寄付がファンファーレと式典の中で盛大に行われ、人々の目に入るかたちで行われているのであれば、その寛大さの理由にH因子の高さを引き合いに出す必要はないだろう。むしろ、こうした寄付は、社会的地位と金銭の非公式な交換と考えるほうが妥当であろう。贅沢な生活を楽しむのに十分すぎるほどのお金を持っているが、他の著名な人々からの評価と尊敬を得られていない富豪のことを考えてみよう。病院や大学、博物館や公園などに多額の寄付をすれば、メディアや政治家、一般の人々から多くの好意的な関心を集めることができる。このように、富裕層でH因子の低い人々であっても、注目度の高い慈善活動が期待できるのである。

実際、H因子が非常に低い人々の中には、非常に熱心に慈善活動をしている人々もいる。慈善家を自称している人々が、たいていはホワイトカラー犯罪で、有罪判決を受けた事例を、少なくとも数件は思い浮かべることができるだろう（そのような事例が思い浮かばない場合には、インターネットで「慈善家」と「有罪判決」というキーワードで検索してみよう）。

慈善行為は、寄付者が何の注目も浴びようとしない場合に、H因子が高いことを反映している可能性が高い。匿名で行われた寄付や、寄付者の身元を明らかにしないように指示された寄付は、単に社会的地位を手に入れるためのものというよりは、真の利他的行為であるため、H因子の高い人たちの見通しと非常に合致したものである。

だからと言って、注目度の高い慈善活動が寄付者の低いH因子を持つことの兆候であることを意味しているわけではない。富裕層の中には、寄付をすることにいくぶん社会的なプレッシャーを感じており、そのプレッシャーを和らげるために、ひそかに寄付をするのではなく、公に目に見えるかたちで寄付をする（あるいはしたいと思っている）のかもしれない。

公に示された寛大さが、高いH因子によって動機づけられたものでなくても、いぜんとして社会にとって有益であり得る。社会的地位は、公共の利益のために価値のある贈り物をすることによって獲得するものでなければならないという事実自体が、H因子の低い人々が単純に、私たちみんなをいじめたり、脅かしたりすることはできず、H因子の低い人々が欲しがる尊敬を得るためには、善良なふるまいをしなければならないということを示唆しており、心強いことである。しかし、その後、再び、偽の慈善活動をしているH因子の低い人が富を不正に得ている場合、社会への影響は実際のところいぜんとしてマイナスであろう。

低いH因子を持つことの妥当な証拠

●社会制度を打ち破る

法律のさまざまな抜け道を、冗談ではなく本気で、教えてくれる人を信用してはいけないのはあたりまえのことかもしれない。しかし、所得税や関税を逃れる方法や、企業から盗みをする方法など、制度を打ち破る方法を自慢げに語る人たちの中には、悪戯っぽく魅力的で無害に見える人々もいるだろう。そして、そうした人たちは、直接的に大きな被害を受ける人がいないことから、自分たちの行動が本当に悪いことではないのだと正当化するかもしれない。騙されてはいけない。組織を騙す人は、個人を騙す可能性も高く、その個人にはあなたも含まれるのだ。

●取り入る

主に、自分の欲しいものを持っている人たちや影響力のある地位にある人たちに対しては、とても友好的で礼儀正しくて親しみやすくふるまう人々もいる。時には、これを第三者として観察する機会があるだろう。例えば、口説き落とせそうな人にセックスするまでは親切にふるまう遊び人や、ご機嫌うかがいを欠かせない、利益団体の親友たる政治家のことを考えてみよう。5章の同僚についての研究で確認したように、こうした取り入りに気づくことは時には難しい場合がある。相手のことをよく知らない限り、お世辞と心からの尊敬の念を区別するのは簡単なことではないし、見せかけの態度と真の礼儀正しさを区別するのも簡単なことではない。ここで重要なことは、自分にとって役に立つ人たち、あるいは役に立つであろう人たちにだけ好意的であったり褒めたりするような人々は、誠実な友人にはなりにくいということである。

H因子の低い人たちの中には、このようにふるまわない人々というのは単にお人好しすぎるのだと言う人たちもいるが、たいてい、こうした主張はただ単に自身の皮肉的な考え方を反映したものにすぎない。たいていの人は、見せかけの好意を示すことが欲しいものを手に入れる手段として有効であることを十分に認識しており、そうしてみたいとさえ思うこともあるかもしれないが、信条としてそのような駆け引きは拒否するものである。真に独裁的な環境にあって権力者の気まぐれに身の上が左右される状態にいるわけでもない限り、相手に取り入る戦術をとるのは、たいていH因子の低さがなす業である。

●ギャンブルと金融投機

ギャンブラーにはH因子の低い人々が多い。より正確にいうと、カジノ、スポーツイベント、カードゲームなどで大金を賭けることが多い人たちはたいてい、H因子は低く、かつE因子が低いことも多い（そして、ギャンブル中毒になる人たちは、おそらく誠実性（C因子）も低い）。[*1] 為替、商品、不動産、株式などの短期的な投機に金融投資をしている人も同様である。もちろん、毎週のように宝くじを買ったり、少額の賭けポーカーをしたりするH因子の高い人たちもたくさんいるし、うまくいかないリスクのある事業にお金を投資したりもする。しかし、日頃からギャンブルや投機で大金を賭けている人々は、おそらく、手っ取り早く金持ちになりたい、楽して何かを手に入れたいと強く思っているだろう。そのような人々はH因子が低いことが多いので、あまり信用しすぎないほうがいいだろう。

●浮気

9章で述べたように、恋人を欺く人々はH因子が低いことが多く、このことは他人のパートナーを略奪しようとする人々にもあてはまる。このような人たちは、狡猾な行動や卑劣な行動をとることが賢いことであると考えていることが多いが、性的関係に対するシニカルな見解を嬉々として表明している人も少なくない。さらに、H因子の低い男性は自分のナンパによるセックス経験を自慢することが多く、H因子の低い女性では自分の交際から得た物質的な利益やパートナーの地位を自慢することが多い。要するに、パートナーに性的に不誠実な人たちや、性的関係を手段として扱っている人たちは、H因子が低い可能性が高いということだ。

●顕示的消費 そして、ネームドロッピング

富を誇示する人は、自分が重要で地位の高い人物であることを誇示しようとする。しかし、顕示的消費が実際に示しているのは、H因子の低さである。物質主義的で派手好きな人々は、利己的であり、人を欺き、不誠実であることが多い。人並み以上のものを欲しがる人たちは、たいてい自分には人並み以上に得ることが当然であると感じており、それがうまくいくと判断したときには、力ずくでも詐欺でもやってのけようと思っているのである。だから、家、車、服、宝石、食べ物、お酒など、高価なものをたくさん見せびらかしている人がいたら、その人とのビジネスや恋愛関係になることには慎重にならなければならない。そのような顕示にすぐに感銘を受けて、それに倣おうとする人も同様である。

ここで重要なのは、一つや二つの贅沢ではなく、顕示的消費の全体的なパターンであることに留意しよ

う。例えば、バードウォッチングが趣味のH因子の高い人は高価な双眼鏡を、骨董好きなH因子の高い人は高価な古いテーブルを、車好きなH因子の高い人は高価な自動車を所有しているかもしれない。しかし、このような場合、その人はおそらくその品物本来の良さを評価しているのであって、他人に見せびらかしたいというわけではないだろう。これに対して、あからさまに多種多様な高級品を所有している（あるいは所有しようとしている）人が、それぞれの品物に対して本来的に興味があってそうしているという可能性は稀である。多種多様の高価な品物を誇示している人々のほとんどは、H因子の低さを表現しているのである。

H因子の低い人々は、貪欲が厳しい労働と革新の原動力となり、経済の進歩を促すという理由で貪欲であることが正しいのだと主張することがある（1980年代の映画『ウォール街』の「貪欲であることはよいことである」というスピーチを思い出してみよう）。さて、たとえH因子の高い人々であっても、人々は一般的に、富や地位が少ないよりも多いほうがよいと考えるし、成果に対する報酬が少ない場合には、一生懸命働いたり、革新に務めたりする可能性が低くなることは事実である。しかし、だからといって、つまりお金や贅沢、権力を最も欲している、最も貪欲な人々こそ熱心に働き、創造的であるということを意味しているわけではない。それどころか、パーソナリティの構造研究で一貫して見いだされているのは、物質主義的で社会的な上昇志向の強い人々というのは、他の人たちよりも勤勉であったり、革新的であったりするわけではない、ということだ。さらに、貪欲な人々は労せずに何かを得ようとする。自分たちがそれで得をすることができると判断すれば、喜んであなたが必要としないものを売ったり、機能しないものを売ったり、さらにはあなたやそれを作った労働者を殺しかねないようなものまで売りつけるのである。

ネームドロッピングは顕示的消費に似ているが、顕示の対象となるのは物質的な商品ではなく、社会的な所属である。有名人との関係や、権威のある機関の会員であることをアピールする人がいる。有名人や政治家と一緒に写っている写真を飾ったり、それらの人たちとのコネクションを洗いざらい話してくれたりする人のことを考えてみよう。

●「掟破り」のメンタリティ

通常のルールが適用されるべきではない特別階級に自分は属しているのだと考えている人たちがいる。こうした人たちが自称するエリートの一員というのは、社会階級や民族性、あるいは知性や魅力、運動能力、才能、その他あらゆる強みにおいて、自分が優れているという認識に基づいているのかもしれない。彼らの考えている（あるいは彼らが考えているであろう）序列上のあなたの位置しだいで、あなたもこのエリートに属しているのだと彼らが断言することもあるかもしれない。このような誘惑に負けてはならない。自分たちをニーチェの言うような超人と考え、劣った存在を支配する法律や規範からは免除されるべきだと考えるとき、劣った存在を何らかのかたちで搾取することが正当化されているのだと人々は感じるようになるのである。高級官僚が政府の勘定で派手に経費を使ったり、取締役会が投資家の負担で役員にボーナスを与えたりするときにそれがわかる。しかし、裕福な人、有名人、高い地位にある人が万引き（そう、万引き）で捕まったときにも、この現象は見られる。

ちなみに、自称超人が、他の人たちよりも超人であるということはほとんどない。個人的な倫理観に対する彼らのあまり良くないアプローチはともかく、強い特権意識を持っている人々に優れたところはあまりない。彼らは平均的には、他の人たちよりも強いこともなければ、美しいということもないし、賢くもなく、彼らはより多くの才能や（本物の）魅力を持っているわけではない。H因子の低い人は、彼または彼女の持つ何らかの強みを権利の証拠として主張することが多いが、H因子の高い人にはそのようなことはない。

ところで、このようなH因子の低い態度を、単なる自信過剰と混同してはならない。知性や運動能力や魅力といった、自身の能力や属性を過大評価しがちだが、自分に特権があるなどと考えない人たちもいる。これに対して、H因子の低い人々は、自分自身を優れた存在だと考えてはいるが、必ずしも自分の能力を過大評価しているわけではない。

●他のグループへの蔑視

H因子の高い人々は、観察可能なあらゆる特徴において、すべての人間のグループが平等であるとは必ずしも信じてはいない。しかし、H因子の高い人々は一般的に、どのグループの人々も尊厳と公平な扱いを受けるに値すると信じているのである。したがって、人々が他の集団を喜んで誹謗中傷しているのならば、それは低いH因子を持つことの兆候である。例えば、H因子の高い人々に比べてH因子の低い人々は、よほど親切な人でない限り、エスニックジョーク[*2]を言うことが多い。また、他のグループをばかにしたり、非人間的な発言をしたりしがちである。

Ｈ因子の低い人たちに囲まれて生活する

Ｈ因子が非常に低いであろう人がいることに気づいたときにどうすればいいのだろうか。まずは、調子に乗らないことである。他の人に自分の見立てを公言するのは、おそらく得策ではない。そして、Ｈ因子が低いと思われる人に対して自警団のような行動を絶対にとってはいけない。

最良のアドバイスは、ただ単にＨ因子の低い人々との交流に制限を設けることだ。恋人にしない。ビジネスパートナーとして選ばない。テニスやコントラクトブリッジ[*3]のパートナーにもしてはいけない。ただ、近寄らないだけでいいのである。

さて、あなた自身のＨ因子が低いというのであれば、どのようなアドバイスをすればいいのかはっきりとしない。Ｈ因子の高い人々はＨ因子の低い人々のようにあなたを利用しようとはしないので、Ｈ因子の高い人々とのつきあいを考えたほうがいいかもしれない。他方で、あなたはＨ因子の低い人々が世間と接するときにとるアプローチを好むことだろう。お金と権力を追求するにあたって、どのようなＨ因子の低い人々が最も有能な協力者となるかを見極め、手を組むことがあなたの取り得る最善策となることだろう。ただし、その人たちを注意深く観察しておかなければならない。

仕事上のものにしろ、個人的なものにしろ、すでにあなたがＨ因子の低い人と密接な関わりがあり、簡単には逃げられないという場合はどうだろうか。公正に規則正しくあることの喜びをいくらかでもＨ因子の低い人に教えこめるなどとばかなことを考えてはいけない。それよりも、あなたのしたいことをすることが彼らの欲しいものを手に入れることになるように、自分の利益と相手の利益を一致させる方法を見つけることが大切だ。しかし、言うは易く行うは難しであり、問題は、H因子の低い人は常にあなたを搾取する機会を窺っているということだ。幸い、最も深刻な搾取は犯罪と認識されているので、最悪の場合には警察に行くべきである。4章で議論したように、しかし、H因子の低い人々が実際に犯罪や略奪を行う可能性はパーソナリティの他の次元のレベルに応じて大きく異なる。例えば、A因子、C因子、およびE因子が高いH因子の低い人は、おそらくかなり迷惑な人ではあるが、A因子、C因子、およびE因子が低いH因子の低い人に比べてサイコパスであったり危険な人物であったりする可能性ははるかに低い。

H因子の低い人々を避けることの反対にあるのが、H因子の高い人々を見つけ出すことだ。6章で説明したように、人々にはH因子のレベルが近い人々、つまり価値観や世界観が似ている人々と親しい関係を築く傾向がある。世間の人々はこうした傾向に気づいてさえいないが、もしあなたがH因子の高い人であるというなら、意識的に他のH因子が高い人々とつきあうようにすることができる。この戦略は場所についてもあてはまる。つまり、どこで働くか、どこに住むかを決めるとき、H因子の高い人々の価値観を共有する組織やコミュニティを探すことができるのだ。H因子の高い人々は、H因子の低い人々の世界と思われるような場所にあっても、お互いに協力することで利益を得ることができるのである。

●注

1　Twigger（2010）.
2　〈訳注〉民族性、国民性に関するジョーク。
3　〈訳注〉カードゲームの一種。ペアを組んでプレイする。

エピローグ —— H因子の高い人になる

私たち二人は1990年代後半からH因子の研究に取り組んできたが、その大部分でH因子を科学研究のテーマとしてしか扱ってこなかった。しかし、H因子の研究に取り組むことで、私たちは自分自身の行動をより意識するようにもなった。私たちはそれぞれ自分の人生を振り返り、明らかにH因子の低い行動をしていたことを思い出すことができるのだ。そのようなことを考えるのは気分の良いものではないが、少なくとも、今後私たちがどのように行動すべきかを見つめ直すきっかけにはなる。いまでは私たち二人は、H因子の高い人ならどう行動するかを考えることで、今までとは少し違う行動をすることが多くなっている。完璧にではないものの、以前よりも素直で、思い上がらず、倫理的で、精神的に豊かになろうとしている自分に気がつく。

私たちのこのような経験は，H因子に関する重要な点を教えてくれる。あなたのH因子の高さは、遺伝子や子ども時代だけでなく、あなた自身の意志にも左右されるのだ。この本のほぼ全部を読み終えたあなたは、もともとH因子が非常に高い人であろう（実際、H因子が本当に低い人のほとんどは、この章に到達する前にとっくに読むのをやめているはずだ）。さて、もし私たちが正しければ、つまりあなたがもともとH因子の高い人であるのならば、H因子の高い人であることは良いことだと受け入れる可能性が高いだろう。つまり，誠実で謙虚であることは人を欺いたりうぬぼれたりすることよりも優れたものだとあなたは考えるはずだ。しかし、あなたのH因子がよっぽど高くない限り、少なくとも何回かはH因子の低い行動をとりたくなることもあるだろう。つまり，時には他人を少し自分の思いどおりにしたり、他人がもらうべきものを自分のものにしたり，あるいは自分の地位を利用して他人に印象づけることもあるだろう。

もしもあなたが本当にH因子の高い人でありたいなら、高いH因子の理想主義を、あなたの低いH因子の性質を克服するのに使えばよいのである。他人を欺いたり、支配したり、搾取したりしたいと思う誘惑があっても、その誘惑に負けないようにして、抵抗すると決めてしまえばよいのだ。H因子の高い人間になろうとするときには、宗教に関係があろうとなかろうと、何らかの規則に従うことが有用であることにあなたは気づいたかもしれない（8章の「クエーカーの証」を思い出してみよう）。もちろん、意識的にこのような選択をしても、あなたの遺伝子や幼少期の経験で決まる「生来の」H因子の高さは変わることはない。しかし、「生来」であるかどうかなんて誰が気にするのだろう？　あなたの実質的なH因子の高さは、同じように高くなるのだ。この違いは、あなただけにしかわからないことなのであり、きっとこのことは、だまされたとしても誰も気にしないことの一つであろう。

監訳者あとがき

本書は、キベオム・リー（Kibeom Lee）とマイケル・C・アシュトン（Michael C. Ashton）による『*The H Factor of Personality: Why Some People are Manipulative, Self-Entitled, Materialistic, and Exploitive—And Why It Matters for Everyone*』（２０１２年）の翻訳である。本書はおそらく、本邦においてはじめて、ＨＥＸＡＣＯ（ヘキサコ）モデルについて包括的に解説する書籍となることだろう。

パーソナリティ（性格）のＨＥＸＡＣＯモデルは、21世紀に入ってから新たに提唱された、人間の全体的なパーソナリティ特性を六つの次元で記述する統合的なモデルである。ＨＥＸＡＣＯモデルが提唱される前、20世紀終わり頃には、パーソナリティのビッグ・ファイブ（5因子）モデルが提唱され世界中で受け入れられていた。そこに登場したのがＨＥＸＡＣＯモデルであり、ビッグ・ファイブモデルに正直さ–謙虚さ（Ｈ因子）が加わったかたちをとる（実際には他の因子もビッグ・ファイブとまったく同じではないのだが）。Ｈ因子がこのパーソナリティモデルを特徴づけており、ビッグ・ファイブでは十分に捉えることができない部分を把握することが期待されるようになった。

ＨＥＸＡＣＯという名称も、よく考えられていると感じるのではないだろうか。英単語の hex は「６の」という意味であり、hexa- はギリシャ語で6を意味すると同時に英語でも6を意味する単語を生み出す要素となる。そしてＨＥＸＡＣＯのそれぞれに六つのパーソナリティが対応づけられることで、インパクトのある名称が創造されている（外向性だけは eXtraversion と頭文字ではないけれども）。この名称も、この理論を普及させる要因の一つだったのではないだろうか。

ちょうど21世紀に入った同じ頃、マキャベリアニズム（他者を自分の利益のために利用する）、サイコパシー（冷淡で非情）、ナルシシズム（自己愛：自分が好きで称賛を求める）という三つのパーソナリティ特性の共通性にも注目が集まり、ダーク・トライアド（Dark Triad）と名づけられた。そして、これらのパーソナリティ特性群とH因子（の低さ）が関連することも明らかにされる中で、ダーク・トライアドとH因子が人間の共通した特徴を説明するパーソナリティとして注目されてきた印象がある。

ちなみに、本書の中でも紹介されたように、本書の著者であるリーとアシュトンは、カナダのウエストオンタリオ大学で研究を進めてきた。そしてダーク・トライアドを提唱したデル・ポールハス（Delroy L. Paulhus）もカナダのブリティッシュコロンビア大学の研究者である。ともにカナダで類似した特徴に注目するパーソナリティ特性の研究が展開したところも、興味深い点である。ビッグ・ファイブがアメリカを中心に展開してきたのに対し、カナダ発のパーソナリティモデルが研究の世界を席巻している点も興味深いと言えるかもしれない。

さて、HEXACOモデルが注目を集めたことで、ある時期には私自身も、「これからはビッグ・ファイブからHEXACOにパーソナリティモデルは置き換えられていくのではないか」という話を耳にしたことがある。それだけ、HEXACOモデルは多くの研究者の注目を集め、そして実際に多くの研究で用いられていった。

現在では、ビッグ・ファイブとHEXACOが研究の中で併存しているような状況にある。ある研究ではビッグ・ファイブモデルが用いられ、また別の研究ではHEXACOモデルが用いられる。また、同じ研究テーマの中でビッグ・ファイブで検討された後で、HEXACOでも検討される。このような重層的な研究の展開の中で、結果の再現性が検討されるのもあたりまえの流れとなっている。残念ながら、HEXACOがビッグ・ファイブに置き換わるような研究の展開は今のところない状況ではあるが、本書の最初にエピソードとして示されたように、学生時代に見いだしたアイデアが世界中で注目されていくというのは、研究者にとっても憧れの姿なのではないだろうか。

なおHEXACOモデルは、パーソナリティの最終的かつ決定的なモデルというわけではない。本書の中心となっているH因子は、必ずしもすべての言語で独立したパーソナリティ因子として安定して見いだされるとは言えなさそうである。また、H因子以外の5因子もビッグ・ファイブとは意味が少しずつ異なるとされるものの、多くの研究を見ていくと、それほど大きくビッグ・ファイブから逸脱するというわけでもなさそうである。

本書は、早稲田大学の小塩研究室でパーソナリティ心理学について研究活動に従事したメンバーによって訳出された。訳出は注意深く行われているものの、問題点があればとりまとめを行った小塩に責任がある。また本書の出版にあたり、北大路書房の森光佑有氏に多くの助力を得たことに感謝申し上げる。

複雑な人間の特徴を、数少ないパーソナリティ次元で効率良く記述しようと試みる研究は、これまで数多くなされており、HEXACOモデルはその中でも一定の成功を収めたモデルである。そして、まだまだ日本国内では、このモデルを用いた研究は非常に少ないという現状がある。まずはこのモデルの内容を十分に把握し、多くの研究に適用していく中で理解を深めていくことが必要ではないだろうか。本書が多くの人の目にとまり、その一助となれば嬉しく思う。

2022年5月

小 塩 真 司

引用文献

Aiello, L.C., & Wheeler, P. (1995). The expensive-tissue hypothesis: The brain and the digestive system in human and primate evolution. *Current Anthropology, 36*, 199–221.

Altemeyer, B. (1981). *Right-wing authoritarianism*. Winnipeg: University of Manitoba Press.

Altemeyer, B. (1996). *The authoritarian specter*. Cambridge, MA: Harvard University Press.

Altemeyer, B. (2004). Highly dominating, highly authoritarian personalities. *Journal of Social Psychology, 144*, 421–447.

Altemeyer, B. (2006). *The Authoritarians*. Winnipeg: Author.

Anderson, C., John, O.P., Keltner, D., & Kring, A.M. (2001). Who attains social status? Effects of personality and physical attractiveness in social groups. *Journal of Personality and Social Psychology, 81*, 116–132.

Ashton, M.C., & Lee, K. (2005). Honesty-Humility, the Big Five, and the Five-Factor Model. *Journal of Personality, 73*, 1321–1353.

Ashton, M.C., & Lee, K. (2008). The prediction of honesty-humility related criteria by the HEXACO and Five-Factor models of personality. *Journal of Research in Personality, 42,* 1216–1228.

Ashton, M.C., & Lee, K. (2010). On the cross-language replicability of personality factors. *Journal of Research in Personality, 44*, 436–441.

Ashton, M.C., & Lee, K. (2012). Oddity, schizotypy/dissociation, and personality. *Journal of Personality, 80*, 113–134.

Ashton, M.C., Lee, K., & de Vries, R.E. (2012). *A consideration of two objections to the HEXACO model of personality structure*. Unpublished manuscript.

Ashton, M.C., Lee, K., & Goldberg, L.R. (2004). A hierarchical analysis of 1,710 English personality-descriptive adjectives. *Journal of Personality and Social Psychology, 87*, 707–721.

Ashton, M.C., Lee, K., Perugini, M., Szarota, P., de Vries, R.E., Di Blas, L., Boies, K., & De Raad, B. (2004). A six-factor structure of personality-descriptive adjectives: Solutions from psycholexical studies in seven languages. *Journal of Personality and Social Psychology, 86,* 356–366.

Ashton, M.C., Lee, K., Pozzebon, J.A., Visser, B.A., & Worth, N.C. (2010). Status-driven risk taking and the major dimensions of personality. *Journal of Research in Personality, 44*, 734–737.

Ashton, M.C., Lee, K., Visser, B.A., & Pozzebon, J.A. (2008). Phobic tendency within the HEXACO and Five-Factor Models of personality structure. *Journal of Research in Personality, 42*, 734–746.

Blickle, G., Schlegel, A., Fassbender, P., & Klein, U. (2006). Some personality correlates of white collar crime. *Applied Psychology: An International Review, 55*, 220–233.

Boies, K., Lee K., Ashton, M.C., Pascal, S., & Nicol, A.A.M. (2001). The structure of the French

personality lexicon. *European Journal of Personality, 15*, 277–295.

Bolino, M.C., & Turnley, W.H. (1999). Measuring impression management in organizations: A scale development based on the Jones and Pittman taxonomy. *Organizational Research Methods, 2*, 187–206.

Book, A.S., Volk, A.A., & Hosker, A. (2012). Adolescent bullying and personality: An adaptive approach. *Personality and Individual Differences, 52*, 218–223.

Borkenau, P., & Liebler, A. (1992). Trait inferences: Sources of validity at zero-acquaintance. *Journal of Personality and Social Psychology, 62*, 645–657.

Bouchard, T. J., & Loehlin, J. C. (2001). Genes, evolution, and personality. *Behavior Genetics, 31*, 243-273.

Bourdage, J.S., Lee, K., Ashton, M.C., & Perry, A. (2007). Big Five and HEXACO model of personality correlates of sexuality. *Personality and Individual Differences, 43*, 1506–1516.

Brooks, A.C. (2006). *Who really cares: The surprising truth about compassionate conservatism*. New York: Basic Books.

Buss, D.M. (1989). Sex differences in human mate preferences: Evolutionary hypotheses tested in 37 cultures. *Behavioral and Brain Sciences, 12*, 1–49.

Campbell, A. (1999). Staying alive: Evolution, culture, and women's intrasexual aggression. *Behavioral and Brain Sciences, 22*, 223–252.

Carnahan, T., & McFarland, S. (2007). Revisiting the Stanford prison experiment: Could participant self-selection have led to the cruelty? *Personality and Social Psychology Bulletin, 55*, 603–614.

Carney, D.R., Jost, J.T., Gosling, S.D., & Potter, J. (2008). The secret lives of liberals and conservatives: Personality profiles, interaction styles, and the things they leave behind. *Political Psychology, 29*, 807–840.

Chida, Y., & Steptoe, A. (2009). The association of anger and hostility with future coronary heart disease: A meta-analytic review of prospective evidence. *Journal of the American College of Cardiology, 53*, 936–946.

Chirumbolo, A., & Leone, L. (2010). Personality and politics: The role of the HEXACO model in predicting personality and voting. *Personality and Individual Differences, 49*, 43–48.

Cohen, D., Nisbett, R.E., Bowdle, R.F., & Schwarz, N. (1996). Insult, aggression, and the "Southern culture of honor": An experimental ethnography. *Journal of Personality and Social Psychology, 70*, 945–960.

Costa, P.T., Jr., & McCrae, R.R. (1992a). *NEO Personality Inventory–Revised (NEO-PI-R) and NEO Five-Factor Inventory (NEO-FFI) Professional Manual*. Odessa, FL: Psychological Assessment Resources.

Costa, P.T., Jr., & McCrae, R.R. (1992b). Trait psychology comes of age. In T.B. Sonderegger (Ed.), *Nebraska Symposium on Motivation 1991: Psychology and Aging. Current Theory and Research in Motivation* (Vol. 39) (pp. 169–204). Lincoln, NE: University of Nebraska Press.

Daly, M., & Wilson, M. (2001). Risk-taking, intrasexual competition, and homicide. *Nebraska*

Symposium on Motivation, 47, 1–36.

De Raad, B., Barelds, D.P.H., Levert, E., Ostendorf, F., Mlacic, B., Di Blas, L., et al. (2010). Only three factors of personality description are fully replicable across languages: A comparison of fourteen trait taxonomies. *Journal of Personality and Social Psychology, 98*, 160–173.

De Vries, R.E., De Vries, A., & Feij, J.A. (2009). Sensation seeking, risk taking, and the HEXACO model of personality. *Personality and Individual Differences, 47*, 536–540.

De Vries, R.E., Lee, K., & Ashton, M.C. (2008). The Dutch HEXACO Personality Inventory: Psychometric properties, self–other agreement and relations with psychopathy among low and high acquaintanceship dyads. *Journal of Personality Assessment, 90*, 142–151.

Dickman, S.J. (1990). Functional and dysfunctional impulsivity: Personality and cognitive correlates. *Journal of Personality and Social Psychology, 58*, 95–102.

Duckitt, J., Wagner, C., du Plessis, I., & Birum, I. (2002). The psychological bases of ideology and prejudice: Testing a dual process model. *Journal of Personality and Social Psychology, 83*, 75–93.

Duriez, B., Soenens, B., & Vansteenkiste, M. (2008). The intergenerational transmission of authoritarianism: The mediating role of parental goal promotion. *Journal of Research in Personality, 42*, 622–642.

Eaves, L., Martin, N., Heath, A., Schieken, R., Meyer, J., Silberg, J., Neale, M., & Corey, L. (1997). Age changes in the causes of individual differences in conservatism. *Behavioral Genetics, 27*, 121–124.

Federico, C.M., Hunt, C.V., & Ergun, D. (2009). Political expertise, social worldviews, and ideology: Translating "competitive jungles" and "dangerous worlds" into ideological reality. *Social Justice Research, 22*, 259–279.

Feng, D., & Baker, L.A. (1994). Spouse similarity in attitudes, personalities, and psychological well-being of American couples. *Behavior Genetics, 24*, 357–364.

Frank, R.H. (1999). *Luxury fever: Why money fails to satisfy in an era of excess*. New York: Free Press.

Frank, R.H., & Cook, P.J. (1995). *The winner-take-all society*. New York: Free Press.［香西 泰（監訳）(1998). ウィナー・テイク・オール―「ひとり勝ち」社会の到来 日本経済新聞社］

Funder, D.C., Kolar, D.W., & Blackman, M.C. (1995). Agreement among judges of personality: Interpersonal relations, similarity, and acquaintanceship. *Journal of Personality and Social Psychology, 69*, 656–672.

Gailliot, M.T., & Baumeister, R.F. (2007). The physiology of willpower: Linking blood glucose to self-control. *Personality and Social Psychology Review, 11*, 303–327.

Godbold, E.S. (2010). *Jimmy and Rosalynn Carter: The Georgia Years 1924–1974*. New York: Oxford University Press.

Goldberg, L. R. (1990). An alternative "description of personality": The Big-Five factor structure. *Journal of Personality and Social Psychology, 59*, 1216–1229.

Goldberg, L. R. (1993). The structure of phenotypic personality traits. *American Psychologist, 48*,

26–34.

Gottfredson, M.R., & Hirschi, T. (1990). *A general theory of crime*. Stanford, CA: Stanford University Press.［大渕憲一（訳）(2018).　犯罪の一般理論—低自己統制シンドローム　丸善出版］

Hahn, D.-W., Lee, K., & Ashton, M.C. (1999). A factor analysis of the most frequently used Korean personality trait adjectives. *European Journal of Personality, 13*, 261–282.

Haney, C., Banks, C., & Zimbardo, P. (1973). Interpersonal dynamics in a simulated prison. *International Journal of Criminology and Penology, 1*, 69–97.

Harris, J.R. (1995). *The nurture assumption: Why children turn out the way they do*. New York: Free Press.［石田理恵（訳）(2000).　子育ての大誤解—子どもの性格を決定するものは何か　早川書房］

Hershfield, H.E., Cohen, T.R., & Thompson, L. (2012). Short horizon and tempting situations: Lack of continuity to our future selves leads to unethical decision making and behaviour. *Organizational Behavior and Human Decision Processes, 117*, 298–310.

Hilbig, B.E., Zettler, I., & Heydasch, T. (2012). Personality, punishment, and public goods: Strategic shifts toward cooperation as a matter of dispositional Honesty-Humility. *European Journal of Personality, 26*, 245–254.

Hodson, G., Hogg, S.M., & MacInnis, C.C. (2009). The role of "dark personalities" (narcissism, Machiavellianism, psychopathy), Big Five personality factors, and ideology in explaining prejudice. *Journal of Research in Personality, 43*, 686–690.

Jefferson, T., Jr., Herbst, J.H., & McCrae, R.R. (1998). Associations between birth order and personality traits: Evidence from self-reports and observer ratings. *Journal of Research in Personality, 32*, 498–509.

Johnson, P. (1998). *A history of the American people*. New York: HarperCollins.［別宮貞徳（訳）(2001–2002).　アメリカ人の歴史（全 3 巻）　共同通信社］

Kandler, C., Riemann, R., Spinath, F.M., & Angleitner, A. (2010). Sources of variance in personality facets: A multiple-rater twin study of self-peer, peer-peer, and self-self (dis) agreement. *Journal of Personality, 78*, 1565-1594.

Koenig, L.B., McGue, M., Krueger, R.F., & Bouchard, T.J., Jr. (2005). Genetic and environmental influences on religiousness: Findings for retrospective and current religiousness ratings. *Journal of Personality, 73*, 471–488.

Kruger, D.J. (2007). Economic transition, male competition, and sex differences in mortality rates. *Evolutionary Psychology, 5*, 411–427.

Kruger, D.J., & Nesse, R.M. (2004). Sexual selection and the male:female mortality ratio. *Evolutionary Psychology, 2*, 66–85.

Larson, J., & Witham, L. (1997). Scientists are still keeping the faith. *Nature, 386*, 435–436.

Larson, J., & Witham, L. (1998). Leading scientists still reject god. *Nature, 394*, 313.

Lee, K., & Ashton, M.C. (2006). Further assessment of the HEXACO Personality Inventory: Two new facet scales and an observer report form. *Psychological Assessment, 18*, 182–191.

Lee, K., & Ashton, M.C. (2008). The HEXACO personality factors in the indigenous personality lexicons of English and 11 other languages. *Journal of Personality, 76*, 1001–1053.

Lee, K., & Ashton, M.C. (2012). Getting mad and getting even: Agreeableness and Honesty-Humility as predictors of revenge intentions. *Personality and Individual Differences, 52*, 596–600.

Lee, K., Ashton, M.C., & de Vries, R.E. (2005). Predicting workplace delinquency and integrity with the HEXACO and Five-Factor Models of personality structure. *Human Performance, 18*, 179–197.

Lee, K., Ashton, M.C., Morrison, D.L., Cordery, J., & Dunlop, P. (2008). Predicting integrity with the HEXACO personality model: Use of self- and observer reports. *Journal of Occupational and Organizational Psychology, 81*, 147–167.

Lee, K., Ashton, M.C., Ogunfowora, B., Bourdage, J., & Shin, K.-H. (2010). The personality bases of socio-political attitudes: The role of honesty-humility and openness to experience. *Journal of Research in Personality, 44*, 115–119.

Lee, K., Ashton, M.C., Pozzebon, J.A., Visser, B.A., Bourdage, J.S., & Ogunfowora, B. (2009). Similarity and assumed similarity of personality reports of well-acquainted persons. *Journal of Personality and Social Psychology, 96*, 460–472.

Lee, K., Gizzarone, M., & Ashton, M.C. (2003). Personality and the likelihood to sexually harass. *Sex Roles, 49*, 59–69.

Lee, K., Ogunfowora, B., & Ashton, M.C. (2005). Personality traits beyond the Big Five: Are they within the HEXACO space? *Journal of Personality, 73*, 1437–1463.

Lewis, G.B., & Seaman, B.A. (2004). Sexual orientation and demand for the arts. *Social Science Quarterly, 85*, 523–538.

Lippa, R. (2005). Sexual orientation and personality. *Annual Review of Sex Research, 16*, 119–153.

Loehlin, J.C. (1997). A test of J.R. Harris's theory of peer influences in personality. *Journal of Personality and Social Psychology, 72*, 1197–1201.

Loehlin, J.C. (2005). Resemblance in personality and attitudes between parents and their children: Genetic and environmental contributions. In S. Bowles, H. Gintis, & M. Osborne Groves (Eds.), *Unequal chances: Family background and economic success* (pp. 192–207). Princeton, NJ: Princeton University Press.

Lykken, D.T., & Tellegen, A. (1993). Is human mating adventitious or the result of lawful choice? A twin study of mate selection. *Journal of Personality and Social Psychology, 65*, 56–68.

Marcus, B. (2004). Self-control in the general theory of crime: Theoretical implications of a measurement problem. *Theoretical Criminology, 8*, 33–55.

Marcus, B., Lee, K., & Ashton, M.C. (2007). Personality dimensions explaining relationships between integrity tests and counterproductive behavior: Big Five, or one in addition? *Personnel Psychology, 60*, 1–34.

McFarland, S.G. (2005). On the eve of war: Authoritarianism, social dominance, and American students' attitudes toward attacking Iraq. *Personality and Social Psychology Bulletin, 31*,

360–367.
McFarland, S.G., Ageyev, V.S., & Abalakina-Paap, M. (1992). Authoritarianism in the former Soviet Union. *Journal of Personality and Social Psychology, 63*, 1004–1010.
三船恒裕・横田晋大 (2018). 社会的支配志向性と外国人に対する政治的・差別的態度―日本人サンプルを用いた相関研究　社会心理学研究, *34*, 94-101.
Nakhaie, M.R., & Brym, R.J. (1999). The political attitudes of Canadian professors. *Canadian Journal of Sociology, 24*, 329–353.
Noftle, E.E., Robins, R.W. (2007). Personality predictors of academic outcomes: Big Five correlates of GPA and SAT scores. *Journal of Personality and Social Psychology, 93*, 116–130.
Nyborg, H. (2009). The intelligence–religiosity nexus: A representative study of white adolescent Americans. *Intelligence, 37*, 81–93.
Paulhus, D.L., Bruce, M.N., & Trapnell, P.D. (1995). Effects of self-presentation strategies on personality profiles and their structure. *Personality and Social Psychology Bulletin, 21*, 100–108.
Pew Research Center for the People and the Press (2009). *Public praises science: Scientists fault public, media.* Retrieved online from http://people-press.org/reports/pdf/528.pdf
Plomin, R., & Caspi, A. (1999). Behavioral genetics and personality. In L.A. Pervin & O.P. John (Eds.), *Handbook of Personality: Theory and research* (2nd ed.) (pp. 251–276). New York: Guilford Press.
Plomin, R., & Spinath, F.M. (2004). Intelligence: Genetics, genes, and genomics. *Journal of Personality and Social Psychology, 86*, 112–129.
Pratto, F., Sidanius, J., Stallworth, L.M., & Malle, B.F. (1994). Social dominance orientation: A personality variable predicting social and political attitudes. *Journal of Personality and Social Psychology, 67*, 741–763.
Riemann, R., Angleitner, A., & Strelau, J. (1997). Genetic and environmental influences on personality: A study of twins reared together using the self- and peer-report NEO-FFI scales. *Journal of Personality, 65*, 449–475.
Riemann, R., & Kandler, C. (2010). Construct validation using multitrait-multimethod twin data: The case of a general factor of personality. *European Journal of Personality, 78*, 1565–1594.
Roberts, B.W., Kuncel, N.R., Shiner, R., Caspi, A., & Goldberg, L.R. (2007). The power of personality: The comparative validity of personality traits, socioeconomic status, and cognitive ability for predicting important life outcomes. *Perspective on Psychological Science, 2*, 313–345.
Roberts, B.W., Walton, K.E., & Viechtbauer, W. (2006). Patterns of mean-level change in personality traits across the life course: A meta-analysis of longitudinal studies. *Psychological Bulletin, 132*, 1–25.
Rubenzer, S.J., & Faschingbauer, T.R. (2004). *Personality, character, and leadership in the White House: Psychologists assess the presidents.* Washington, DC: Brassey's.
Saucier, G. (2009). Recurrent personality dimensions in inclusive lexical studies: Indications for a

Big Six structure. *Journal of Personality, 77*, 1577–1614.

Saucier, G., & Skrzypińska, K. (2006). Spiritual but not religious? Evidence for two independent dimensions. *Journal of Personality, 74*, 1257–1292.

Saroglou, V. (2010). Religiousness as a cultural adaptation of basic traits: A five-factor model perspective. *Personality and Social Psychology Review, 14,* 108–125.

Schlenker, B.R., Chambers, J.R., & Le, B.M. (2012). Conservatives are happier than liberals, but why? Political ideology, personality, and life satisfaction. *Journal of Research in Personality, 46,* 127–146.

Schmitt, D.P., & Buss, D.M. (2000). Sexual dimensions of person description: Beyond or subsumed by the Big Five? *Journal of Research in Personality, 34*, 141–177.

Schwartz, S. H. (1992). Universals in the content and structure of values: Theoretical advances and empirical tests in 20 countries. *Advances in Experimental Social Psychology, 25*, 1–65.

Silove, D.M., Marnane, C.L., Wagner, R., Manicavasagar, V.L., & Rees, S. (2010). The prevalence and correlates of adult separation anxiety disorder in an anxiety clinic. *BMC Psychiatry, 10*, 21.

Smith, A. (1776). *An inquiry into the nature and causes of the wealth of nations.* London: Strahan & Cadell.［水田 洋（監訳）(2000–2001). 国富論（全 3 巻） 岩波書店］

Sokal, A., & Bricmont, J. (1998). *Intellectual impostures*. London: Profile Books.［田崎晴明・大野克嗣・堀 茂樹（訳）(2012). 「知」の欺瞞―ポストモダン思想における科学の濫用 岩波書店］

Son Hing, L.S., Bobocel, D.R., Zanna, M.P., & McBride, M.V. (2007). Authoritarian dynamics and unethical decision making: High social dominance orientation leaders and high right-wing authoritarianism followers. *Journal of Personality and Social Psychology, 92*, 67–81.

Sulloway, F.J. (1996). *Born to rebel: Birth order, family dynamics, and creative lives*. New York: Pantheon.

Taylor, S.E., Klein, L.C., Lewis, B.P., Gruenewald, T.L., Gurung, R.A.R., & Updegraff, J.A. (2000). Biobehavioral responses to stress in females: Tend-and-befriend, not fight-or-flight. *Psychological Review, 107*, 411–429.

高野了太・高 史明・野村理朗 (2021). 日本語版右翼権威主義尺度の作成 心理学研究, *91*, 398-408.

Tupes, E.C., & Christal, R.E. (1961). *Recurrent personality factors based on trait ratings* (USAF Tech. Rep. No. 61-97). US Air Force: Lackland Air Force Base, TX.

Twigger, K. (2010). *An examination of the role of personality and self-regulation in the gambling behaviours of late adolescents and emerging adults*. Unpublished master's thesis, Brock University, St. Catharines, ON.

Vazire, S., Naumann, L.P., Rentfrow, P.J., & Gosling S.D. (2008). Portrait of a narcissist: Manifestations of narcissism in physical appearance. *Journal of Research in Personality, 42,* 1439–1447.

Visscher, P.M., Hill, W.G., & Wray, N.R. (2008). Heritability in the genomics era—concepts and misconceptions. *Nature Reviews Genetics, 9*, 255–266.

Watson, D., Klohnen, E.C., Casillas, A., Simms, E., Haig, J., & Berry, D.S. (2004). Match makers and deal breakers: Analyses of assortative mating in newlywed couples. *Journal of Personality, 72*, 1029–1068.

Weller, J.A., & Tikir, A. (2011). Predicting domain-specific risk taking with the HEXACO personality structure. *Journal of Behavioral Decision Making, 24*, 180–201.

White, G.L. (1980). Physical attractiveness and courtship progress. *Journal of Personality and Social Psychology, 39,* 660–668.

Williams, K.M., Paulhus, D.L., & Hare, R.D. (2007). Capturing the four-facet structure of psychopathy in college students via self-report. *Journal of Personality Assessment, 88*, 205–219.

Wilson, D.S. (2002). *Darwin's Cathedral: Evolution, religion, and the nature of society*. Chicago: University of Chicago Press.

Wilson, M., & Daly, M. (1985). Competitiveness, risk taking, and violence: The young male syndrome. *Ethology and Sociobiology, 6*, 59–73.

Wink, P., Ciciolla, L., Dillon, M., & Tracy, A. (2007). Religiousness, spiritual seeking, and personality: Findings from a longitudinal study. *Journal of Personality, 75,* 1051–1070.

Zettler, I., & Hilbig, B.E. (2010). Attitudes of the selfless: Explaining political orientation with altruism. *Personality and Individual Differences, 48*, 338–342.

Zettler, I., Hilbig, B.E., & Haubrich, J. (2011). Altruism at the ballots: Predicting political attitudes and behavior. *Journal of Research in Personality, 45,* 130–133.

Zimbardo, P.G., Maslach, C., & Haney, C. (2000). Reflections on the Stanford prison experiment: Genesis, transformations, consequences. In T. Blass (Ed.), *Obedience to authority: Current perspectives on the Milgram paradigm* (pp. 193–237). Mahwah, NJ: Lawrence Erlbaum.

付　録

HEXACO-60
(SELF - REPORT FORM)

Translation: Akio Wakabayashi, Ph.D.[2)]

回答の仕方

次のページから並んでいる項目の内容について，自分にどの程度あてはまっているか，あてはまっていないかを考えて，以下の尺度の数字を使って各文の左側にある下線部 に回答してください。

1 = あてはまらない（そうではない）
2 = どちらかといえば，あてはまらない
3 = どちらともいえない
4 = どちらかといえば，あてはまる
5 = あてはまる（そうである）

なお，「3：どちらともいえない」は，できるだけ選択しないようにしてください。（どうしてもどちらとも決められない場合にのみ3に○を付けるようにしてください）

回答を始める前に，このページの下にある必要事項に記入してください。
回答者には，出席点として加算します。
（データは研究上の使用に限り，個人情報の保護については保証します）

年齢＿＿＿＿＿＿　　　男＿＿　女＿＿

1. ____ 美術館に行くと，とても退屈してしまう。
2. ____ 最後になってあわてないために，前もって計画を立ててものごとの準備をする。
3. ____ たとえひどく不当な扱いをされた相手に対しても，めったに悪意を抱くことはない。
4. ____ 私は全体的に自分自身にほどよく満足していると感じている。
5. ____ 悪天候のときに旅行をしなければならないとしたら，怖れを感じる。
6. ____ たとえそうすればうまくいくと思っても，仕事の上で昇進するためにお世辞を言ったりしようとは思わない。
7. ____ 他の国の歴史や政治について学ぶことに興味がある。
8. ____ 目標を達成しようとするときは，しばしば自分をとても激しく追い詰める。
9. ____ 人からときどき，他人に対して批判的すぎると言われる。
10. ____ 集団での話し合いでは，自分の意見を言うことはめったにない。
11. ____ ちょっとしたことが心配になって，それを抑えることができないことがある。
12. ____ もし決して捕まらないとわかっているのなら，私は1億円を盗もうと思う。
13. ____ 小説を書いたり，曲を作ったり，絵を描いたりといった，芸術作品を創作することは楽しい。
14. ____ 何かの仕事をするとき，細かい点にはあまり注意を払わない。
15. ____ ときどき人から，私は頑固すぎると言われる。
16. ____ 一人でやるよりも，積極的な人との関わりを含む仕事の方が好きだ。
17. ____ 苦痛な体験に苦しんでいるときには，慰めを与えてくれる人が必要である。
18. ____ 大金を持つことは，自分にとって特に重要なことではない。
19. ____ とても斬新で慣習にとらわれない考えを考慮することは，時間の無駄だと思う。
20. ____ 私は，よく考えた上でよりも，そのときの気持ち次第で物事を決める（ことがある）。
21. ____ 他の人は，私のことを短気な人間だと思っている。
22. ____ たいていは，元気で楽天的である。
23. ____ 他の人が泣いているのをみると，私も泣きたくなる。

24. ——　私は，平均的な人間よりも，尊重される権利があると思う。

25. ——　もし機会があれば，クラシック音楽の演奏会に行きたい。

26. ——　仕事をしているとき，ときどき自分がだらしがないために困ってしまうことがある。

27. ——　私にひどいことをした人に対する私の態度は，「許して忘れる」ことである。

28. ——　自分は人気がない人間だと感じている。

29. ——　身体的な危険が迫ると，とても怖い。

30. ——　もし，何かをある人から手に入れようと思っているときには，その人がくだらない冗談を言っても笑うだろう。

31. ——　百科事典を読むことを楽しんだことはない。

32. ——　必要とされる最低限の仕事しかしない。

33. ——　他の人を判断するときには，甘い（手加減する）傾向がある。

34. ——　社会的(対人)場面では，たいてい私がはじめに行動する人間である。

35. ——　他の人ほどは心配性ではない。

36. ——　たとえどんなに大金でも，賄賂は決して受け取らない。

37. ——　人から，よく私は優れた想像力を持っていると言われることがある。

38. ——　たとえ時間がかかっても，自分の仕事ではいつも正確であるようにしている。

39. ——　人が私に同調しないときは，私はたいてい自分の意見について，かなり柔軟である。

40. ——　新しい場所に行っていつも最初にすることは，友達を作ることである。

41. ——　誰かの感情的な支えがないとしても，困難な状況に対処することができる。

42. ——　高価で贅沢なものを所有することで，多くの楽しみが得られる。

43. ——　私は，型にはまらない見方をする人が好きである。

44. ——　行動する前に考えないので，たくさんの失敗をしてしまう。

45. ——　たいていの人は，私よりもすぐに怒り出す。

46. ——　たいていの人は，私よりも陽気で活発である。

47. ——　自分と親しい人が長い間遠くに行ってしまうときには，強い感情を感じる。

48. ＿＿ 私が高い地位にいる重要な人間であることを他の人に知ってほしい。

49. ＿＿ 自分のことを，芸術家タイプとか，創造的なタイプであるとは思わない。

50. ＿＿ 人からしばしば完全主義者だと言われる。

51. ＿＿ たとえ人がたくさん間違いを犯したときでも，私はめったに否定的なことは言わない。

52. ＿＿ 時々自分は価値のない人間だと感じる。

53. ＿＿ たとえ非常(緊急)の場合でも，あわてふためいたりすることはない。

54. ＿＿ 誰かに私のたのみを聞いてもらうために，その人を好きなふりをしようとは思わない。

55. ＿＿ 哲学について議論するのは，うんざりである。

56. ＿＿ 私は，何でも計画通りにするよりも，思いついたことをするのが好きである。

57. ＿＿ 人から私が間違っていると言われたとき，私の最初の反応は，相手に同意しないことである。

58. ＿＿ 集団の中にいるとき，しばしばその集団を代表して話をする人間である。

59. ＿＿ たいていの人がとても感傷的になるような状況でも，私は冷静でいられる。

60. ＿＿ もし絶対に捕まらないなら，偽札を使ってみたい。

1）Ashton, M. C., & Lee, K. (2009). The HEXACO-60: A short measure of the major dimensions of personality. *Journal of Personality Assessment, 91*, 340-345.

2）日本語版 HEXACO-PI についてはこちらの論文をご参照ください。
Wakabayashi, A. (2014). A sixth personality domain that is independent of the Big Five domains: The psychometric properties of the HEXACO Personality Inventory in a Japanese sample. *The Japanese Psychological Research, 56*, 211-223.

監訳者紹介

小塩真司（おしお　あつし）

早稲田大学文学学術院 教授

2000 年，名古屋大学大学院教育学研究科博士後期課程修了。博士（教育心理学）。著書は『非認知能力』（編著，北大路書房），『性格とは何か』（中公新書），『パーソナリティ心理学』（サイエンス社）など。

訳者紹介

三枝高大（みえだ　たかひろ）【3 章，8 章，10 章】

福島県立医科大学保健科学部診療放射線科学科 助教

2022 年，早稲田大学大学院文学研究科心理学コース博士後期課程修了。博士（文学）。論文は「Dichotomous Thinking and Personality Traits: From the Viewpoints of the Big Five and HEXACO」（共著，*Japanese Psychological Research*），「Dichotomous thinking and cognitive ability」（共著，*Personality and Individual Differences*）など。

橋本泰央（はしもと　やすひろ）【1 章，2 章】

帝京短期大学ライフケア学科 准教授

2020 年，早稲田大学大学院文学研究科心理学コース博士後期課程修了。博士（文学）。著訳書は『カルドゥッチのパーソナリティ心理学』（分担訳，福村出版），『円環モデルからみたパーソナリティと感情の心理学』（共訳，福村出版）など。

下司忠大（しもつかさ　ただひろ）【4 章，9 章】

立正大学心理学部対人・社会心理学科 専任講師

2020 年，早稲田大学大学院文学研究科心理学コース博士後期課程修了。博士（文学）。著訳書は『たのしいベイズモデリング』（分担執筆，北大路書房），『パーソナリティのダークサイド』（監訳，福村出版）など。

吉野伸哉（よしの　しんや）【5 章，6 章，7 章】

早稲田大学文学学術院 助手

早稲田大学大学院文学研究科博士後期課程所属。2022 年に博士号取得の見込み。論文は，「日本における Big Five パーソナリティの地域差の検討」（共著，環境心理学研究），「Personality and Migration in Japan: Examining the tendency of extroverted and open people to migrate to Tokyo」（共著，*Journal of Research in Personality*）など。

著者紹介

キベオム・リー（Kibeom Lee）

カルガリー大学 教授

マイケル・C・アシュトン（Michael C. Ashton）

ブロック大学 教授

パーソナリティのHファクター

自己中心的で，欺瞞的で，貪欲な人たち

2022年7月10日　初版第1刷印刷　　定価はカバーに表示
2022年7月20日　初版第1刷発行　　してあります。

著　者　K.　リ　ー
　　　　M. C. アシュトン
監訳者　小塩真司
訳　者　三枝高大
　　　　橋本泰央
　　　　下司忠大
　　　　吉野伸哉
発行所　㈱北大路書房
〒603-8303　京都市北区紫野十二坊町12-8
電　話（075）431-0361㈹
F A X（075）431-9393
振　替　01050-4-2083

編集・製作　本づくり工房　T.M.H.
装幀　野田和浩
印刷・製本　創栄図書印刷（株）

ISBN978-4-7628-3197-3　C1011　Printed in Japan　© 2022
検印省略　落丁・乱丁本はお取替えいたします。